dtv

Rom, du Göttin der Länder und der Völker,
der nichts gleicht und der nichts auch nur kommt nahe

Terrarum dea gentiumque Roma,
cui par est nihil et nihil secundum
Martial, Epigrammata 12,8

Dieses Buch führt *ad fontes*, zu den Quellen, den Texten aus erster Hand, die über Rom und in Rom geschrieben worden sind. Solange Rom die Hauptstadt der Welt war, wurden diese Texte in lateinischer Sprache verfasst, von der Antike über das Mittelalter bis in die frühe Neuzeit. Aber man muss nicht das Große Latinum haben, um sich mit diesem Buch durch Rom führen zu lassen: Den Originaltexten ist die deutsche Übersetzung gegenübergestellt, und damit man das archäologische und historische Handbuch auch einmal zuhause lassen kann, sind kurze Erläuterungen beigefügt.

Die topographische Anordnung lädt zu Spaziergängen durch die Ewige Stadt ein, die das Urbild des Urbanen ist und in der sich das Vergangene mit dem Gegenwärtigen unauflösbar verbindet. Um die Geschichte der Monumente sichtbar zu machen, folgen auf die antiken Zeugnisse immer wieder mittelalterliche und neuzeitliche Quellen. Alle Gattungen kommen zu Wort: Zitate aus Historikern und Rednern, Briefe, Gedichte, Legenden, Chroniken, Inschriften und Pasquillen. Erhabenes und Triviales, Wahres und Erfundenes, Rührendes und Freches, Devotes und Aufsässiges steht nebeneinander. So ist das Buch ein Abbild der unergründlichen Vielfalt dieser Stadt, für deren Erforschung ein Menschenleben nicht ausreicht.

ROMA CAPUT MUNDI

ROM HAUPTSTADT DER WELT

Lateinische Texte in der Stadt und über die Stadt

Herausgegeben und übersetzt von Franz Peter Waiblinger

Deutscher Taschenbuch Verlag

Zur Erinnerung an Inge

dtv zweisprachig · Edition Langewiesche-Brandt
herausgegeben von Kristof Wachinger

Originalausgabe
1. Auflage Dezember 2000
© Deutscher Taschenbuch Verlag GmbH & Co. KG, München
www.dtv.de
Umschlagkonzept: Balk & Brumshagen
Umschlagbild: Ausschnitt aus dem Gemälde « Roma Antica »
von Giovanni Paolo Pannini 1691(?)–1765 (© AKG Berlin)
Satz: W Design, Höchstädt
Druck und Bindung: Kösel, Kempten
Gedruckt auf säurefreiem, chlorfrei gebleichtem Papier
ISBN 3-423-09400-1. Printed in Germany

ZENTRUM Kapitol und Arx

ERRICHTUNG DES JUPITERTEMPELS

Das Kapitol hat zwei Gipfel. Auf dem einen befand sich als Zentrum
der römischen Staatsreligion der Tempel der kapitolinischen Trias

Gabiis receptis Tarquinius pacem cum Aequo-
rum gente fecit, foedus cum Tuscis renovavit.
Inde ad negotia urbana animum convertit;
quorum erat primum, ut Iovis templum in
monte Tarpeio monumentum regni sui
nominisque relinqueret: Tarquinios reges
ambos patrem vovisse, filium perfecisse.
Et ut libera a ceteris religionibus area esset
tota Iovis templique eius quod inaedificare-
tur, exaugurare fana sacellaque statuit,
quae aliquot ibi, a Tatio rege primum
in ipso discrimine adversus Romulum pugnae vota, consecrata inaugurataque postea
fuerant.
Inter principia condendi huius operis movisse
numen ad indicandam tanti imperii molem
traditur deos; nam cum omnium sacellorum
exaugurationes admitterent aves, in Termini
fano non addixere; idque omen augurium-
que ita acceptum est non motam Termini
sedem unumque eum deorum non evo-
catum sacratis sibi finibus firma stabilia-

Jupiter, Juno und Minerva, auf dem anderen, der «arx» (Burg), der
Tempel der Juno Moneta. Der Tempel für Jupiter, Juno und Minerva
wurde am Ende des 6. Jh. v. Chr. erbaut.

Als Gabii eingenommen war, schloss Tarquinius mit dem
Stamm der Äquer Frieden und erneuerte das Bündnis mit
den Etruskern. Dann wandte er sich städtischen Aufgaben
zu. Davon war die erste, auf dem Tarpeischen Berg einen
Jupitertempel als Denkmal seiner Herrschaft und seines
Namens zu hinterlassen: Die Tarquinier, beide Könige,
hätten ihn erbaut: der Vater habe ihn gelobt, der Sohn vollendet. Und damit der Platz, frei von den übrigen Kulten,
ganz dem Jupiter und seinem Tempel, der darauf gebaut
werden sollte, zur Verfügung stehe, beschloss er, einige
Tempel und Kapellen zu profanieren, die dort vom König
Tatius im entscheidenden Augenblick des Kampfes gegen
Romulus zunächst gelobt und später für heilig erklärt und
unter Auspizien eingeweiht worden waren.

Schon zu Beginn der Arbeiten an diesem Bauwerk sollen
die Götter einen Wink gegeben haben, um das gewaltige
Ausmaß dieser Macht zu offenbaren; denn während die
Vögel die Profanierung aller Kapellen zuließen, gaben sie
beim Heiligtum des Grenzgottes Terminus kein Zeichen
der Zustimmung. Dieses Vorzeichen durch die Vogelschau
wurde folgendermaßen ausgelegt: Die Tatsache, dass der
Sitz des Grenzgottes nicht verlegt und er als einziger Gott

que cuncta portendere. Hoc perpetuitatis
auspicio accepto secutum aliud magnitudinem imperii portendens prodigium est:
Caput humanum integra facie aperientibus
fundamenta templi dicitur apparuisse. Quae
visa species haud per ambages arcem eam
imperii caputque rerum fore portendebat;
idque ita cecinere vates quique in urbe erant
quosque ad eam rem consultandam ex
Etruria acciverant.

Titus Livius (59 v. Chr. – 17 n. Chr.), Ab urbe condita 1, 55, 1

MITTELPUNKT DES WELTREICHS

Iuppiter arce sua totum cum spectet in orbem,
    nil nisi Romanum quod tueatur habet.

Ovid (43 v. Chr. – ca. 17 n. Chr.), Fasti 1, 85

ROM, DAS «ASYL DER WELT»

(Romulus) deinde ne vana urbis magnitudo esset,
adiciendae multitudinis causa vetere consilio
condentium urbes, qui obscuram atque humilem
conciendo ad se multitudinem natam e terra sibi
prolem ementiebantur, locum qui nunc saeptus
escendentibus inter duos lucos est asylum aperit.
Eo ex finitimis populis turba omnis sine
discrimine, liber an servus esset, avida novarum
rerum perfugit, idque primum ad coeptam
magnitudinem roboris fuit.

Livius (59 v. Chr. – 17 n. Chr.), Ab urbe condita 1, 8, 5

Zentrum

nicht zum Verlassen des ihm geweihten Bezirks aufgefordert worden sei, prophezeie Sicherheit und Dauerhaftigkeit in allem. Auf diese Voraussage ewiger Dauer folgte noch ein anderes Vorzeichen, das die Größe des Reiches ankündigte: Als man die Tempelfundamente aushob, soll ein Menschenkopf mit unversehrtem Gesicht zum Vorschein gekommen sein. Diese Erscheinung zeigte völlig unzweideutig an, dass dieser Ort die Burg des Reiches und das Haupt der Welt sein werde. Denn so verkündeten es die Seher in der Stadt, wie auch die, die man, um sie darüber zu Rate zu ziehen, aus Etrurien hatte kommen lassen.

Wenn von seiner Burg aus Jupiter schaut auf den Erdkreis,
    bietet sich nichts seinem Blick, was nicht den Römern
    gehört.

Zwischen den beiden Kuppen des kapitolinischen Hügels, an der Stelle der heutigen Piazza del Campidoglio, lag das sogenannte asylum, *eine Freistätte, die Romulus gegründet haben soll.*
Nach dem alten Trick der Städtegründer, die eine Menge Gelichter und niederes Volk an sich zogen und dann fälschlicherweise behaupteten, die jungen Männer seien ihnen aus der Erde erwachsen, eröffnete Romulus darauf, damit die Größe der Stadt nicht sinnlos sei, zur Erhöhung der Einwohnerzahl, an der Stelle, die jetzt eingezäunt ist, wenn man zwischen den zwei Hainen hinaufsteigt, ein Asyl. Dorthin nahmen alle möglichen Leute ohne Unterschied, ob einer frei oder Sklave war, um ein neues Leben anfangen zu können, ihre Zuflucht, und damit begann die große Kraft der Stadt.

Deformis urbs veteribus incendiis ac ruinis
erat; vacuas areas occupare et aedificare, si pos-
sessores cessarent, cuicumque permisit. Ipse
restitutionem Capitolii adgressus ruderibus
purgandis manus primus admovit ac suo collo
quaedam extulit; aerearumque tabularum tria
milia, quae simul conflagraverant, restituenda
suscepit undique investigatis exemplaribus:
instrumentum imperii pulcherrimum ac vetustis-
simum, quo continebantur paene ab exordio
urbis senatus consulta, plebi scita de societate
et foedere ac privilegio cuicumque concessis.
Sueton, Vespasian 8, 5

Reiterstandbild des Mark Aurel

Aliud signum eneum est ante palatium domni
pape, equus videlicet immensus et sessor eius.
Quem peregrini Theodericum, populus vero
Romanus Constantinum dicunt, at cardinales
et clerici Romane curie seu Marcum seu
Quintum Quirinum appellant.
Hoc autem memoriale mira arte perfectum super
quatuor columnas ereas antiquitus ante aram
Iovis in Capitolio stabat, set beatus Gregorius
equitem et equum suum deiecit et quatuor
columpnas prefatas in ecclesia beati Iohannis

Der Senatorenpalast (heute Sitz des Bürgermeisters) wurde im Mittel-
alter auf das Tabularium, das römische Staatsarchiv, gebaut, das aus
republikanischer Zeit stammt (78 v. Chr.). Kaiser Vespasian (69–79)
ließ die verbrannten Tabulae restaurieren.

Durch alte Brandschäden und Ruinen hatte die Stadt ihre
Schönheit verloren. Vespasian erlaubte jedem, unbebaute
Flächen in Besitz zu nehmen und zu bebauen, wenn die
Besitzer keine Anstalten dazu machten. Als er die Wiederherstellung des Kapitols in Angriff nahm, legte er selbst als
erster Hand an beim Wegschaffen der Trümmer und trug
manche Stücke auf seinen eigenen Schultern weg. Er unter-
nahm die Restaurierung von dreitausend Bronzetafeln, die
gleichzeitig verbrannt waren, indem er überall Abschriften
ausfindig machte: die schönsten und ältesten Urkunden, die
fast vom Ursprung der Stadt an Senatsbeschlüsse und Ple-
biszite über Schutz- und Trutzbündnisse sowie Privilegien,
die irgend jemandem gewährt worden waren, enthielten.

Die Statue stand im Mittelalter vor dem Lateran, erst 1538 wurde sie
auf dem von Michelangelo gestalteten Kapitolsplatz aufgestellt. Ihre
Erhaltung verdanken wir dem Umstand, dass man sie lange für ein
Standbild des christlichen Kaisers Konstantin hielt.

Ein anderes Standbild aus Bronze steht vor dem Palast des
Herrn Papstes, nämlich ein riesiges Pferd und sein Reiter.
Diesen bezeichnen die Fremden als Theoderich, das römi-
sche Volk aber als Konstantin, doch die Kardinäle und die
Kleriker der römischen Kurie nennen ihn Marcus oder
Quintus Quirinus.
Dieses mit erstaunlicher Kunst ausgeführte Denkmal
stand ehemals auf vier Bronzesäulen vor dem Jupiteraltar
auf dem Kapitol, aber der heilige Gregor ließ das Pferd und
seinen Reiter niederreißen und richtete die vier besagten
Säulen in der Kirche des heiligen Johannes im Lateran auf.

Lateranensis posuit. Romani vero equitem cum
equo ante palatium domni pape posuerunt.
Eratque equus et eques et columpne optime de-
aurate, set pluribus in locis partem auri Romana
abrasit avaricia, partem vero vetustas delevit.
Sedet autem eques manum dexteram dirigens
tanquam populo loquens vel imperans; sinistra
manu frenum retentat, quo capud equi in dexteram partem obliquat, tanquam alio diversurus.
Avicula etiam, quam cuculam vocant, inter aures
equi sedet et nanus quidam sub pede equi premitur,
miram morientis et extrema pacientis speciem
representans.   *Magister Gregorius (12./13. Jh.),*
Narracio de mirabilibus urbis Romae

INSCHRIFT AUF DEM SOCKEL

IMP CAESARI DIVI ANTONINI F DIVI HADRIANI
NEPOTI DIVI TRAIANI PARTHICI PRONEPOTI DIVI
NERVAE ABNEPOTI M AVRELIO ANTONINO PIO
AVG GERM SARM PONT MAX TRIB POT XXVII IMP VI
COS III P P S P Q R

PAVLVS III PONT MAX STATVAM AENEAM EQVESTREM
A S P Q R M ANTONINO PIO ETIAM TVM VIVENTI
STATVTAM VARIIS DEIN VRBIS CASIB EVERSAM ET
A SYXTO IIII PONT MAX AD LATERAN BASILICAM
REPOSITAM VT MEMORIAE OPT PRINCIPIS CONSVLERET
PATRIAEQ DECORA ATQ ORNAMENTA RESTITVERET
EX HVMILIORI LOCO IN AREAM CAPITOLINAM
TRANSTVLIT ATQ DICAVIT ANN SAL M D XXXVIII

Die Römer aber stellten den Reiter mit dem Pferd vor den Palast des Papstes.

Pferd, Reiter und Säulen waren sehr schön vergoldet, doch an mehreren Stellen hat römische Habgier einen Teil des Goldes abgekratzt, teils hat es das Alter zerstört. Der Reiter sitzt mit ausgestreckter Rechter auf dem Pferd, wie wenn er zum Volk spräche oder ihm gebieten wollte; mit der linken Hand hält er den Zügel, mit dem er den Kopf des Pferdes nach rechts richtet, wie wenn er sich anderswohin wenden wollte.

Ein kleiner Vogel, den man Kuckuck nennt, sitzt zwischen den Ohren des Pferdes, und ein Zwerg liegt unter dem Pferdehuf am Boden und vergegenwärtigt das eindrucksvolle Bild eines Sterbenden im äußersten Leid.

Dem Kaiser Marcus Aurelius Antoninus Pius Augustus, dem Sohn des vergöttlichten Antoninus, Enkel des vergöttlichten Hadrian, Urenkel des vergöttlichten Trajan, des Siegers über die Parther, Ururenkel des vergöttlichten Nerva, dem Sieger über die Germanen und Sarmaten, Oberpriester, siebenundzwanzigmal im Besitz der tribunizischen Gewalt, sechsmal als siegreicher Feldherr ausgerufen, dreimal Konsul, Vater des Vaterlandes, gestiftet vom Senat und dem Volk von Rom.

Papst Paul III. hat die Reiterstatue aus Bronze, die vom Senat und Volk von Rom Marcus Antoninus Pius noch zu Lebzeiten aufgestellt wurde und danach im wechselvollen Schicksal der Stadt umgestürzt und von Papst Sixtus IV. an der Lateran–Basilika wiedererrichtet wurde, in der Absicht, für das Gedenken an den vortrefflichen Kaiser zu sorgen und die Zierde und den Schmuck der Heimat wiederherzustellen, von ihrem allzu öden Ort auf den Kapitolsplatz versetzt und eingeweiht im Jahre des Heils 1538.

Die Arx: Tempel der Iuno Moneta

Die Gallier besetzten 387 v. Chr. Rom, konnten aber die Burg, auf der
sich die waffenfähigen Männer sowie Frauen und Kinder verschanzt
hatten, nicht einnehmen. Bei einem nächtlichen Angriff wurden die

Arce quoque in summa Iunoni templa Monetae
    ex voto memorant facta, Camille, tuo.
ante domus Manli fuerat, qui Gallica quondam
    a Capitolino reppulit arma Iove.

Ovid (43 v. Chr. – ca. 17 n. Chr.), Fasti 6, 183

S. Maria in Aracoeli: Weissagung der Sibylle

Im 8. Jahrhundert ist an der Stätte des verfallenen Juno-Tempels ein
Kloster der Gottesmutter Maria bezeugt. Schon im 5. Jahrhundert
erzählte man sich eine Geschichte, nach der Kaiser Augustus die
Pythia in Delphi nach seinem Nachfolger befragt habe und auf die

Tempore Octaviani imperatoris, senatores viden-
tes eum tante pulchritudinis quod nemo in oculos
eius intueri poterat et tante prosperitatis et pacis
quod totum mundum sibi tributarium fecerat,
dicunt: «Te adorare volumus quia deitas est in te;
si hoc non esset, non tibi omnia essent prospera».
Qui renitens, indutias postulavit, ad se sibillam
Tiburtinam vocavit, cui quod senatores dixerant
recitavit. Que spatium trium dierum petiit, in
quibus artum jejunium operata est. Post tertium
diem respondit imperatori: «Hoc pro certo erit,
domine imperator: ludicii signum, tellus sudore
madescet; e celo rex adveniet per secla futurus,
scilicet in carne presens, ut judicet orbem» et
cetera que secuntur. Ilico apertum est celum et
nimius splendor irruit super eum; vidit in celo
quandam pulcerrimam virginem stantem super
altare, puerum tenentem in bracchiis. Miratus est
nimis et vocem dicentem audivit: «Hec ara filii

Römer durch das Schnattern der heiligen Gänse geweckt; unter Führung
des Marcus Manlius wehrten sie die Gallier ab. Lucius Furius Camillus
errichtete 343 v. Chr. der Juno Moneta einen Tempel, in dessen Nähe die
erste Münzprägestätte eingerichtet wurde.

Auf dem Gipfel der Burg wurde Juno Moneta ein Tempel,
    wird uns berichtet, erbaut, den du, Camillus, versprachst.
Vorher stand dort des Manlius Haus, der die gallischen Waffen
    schlug einst vom Kapitol, Jupiters Tempel, zurück.

Antwort hin, es werde ein jüdischer Knabe sein, dem «Erstgeborenen
Gottes» einen Altar errichtet habe. In den Mirabilia urbis Romae ist
statt der Pythia von der Sibylle in Tibur (Tivoli) die Rede. Schon im
10. Jahrhundert gab es eine dreischiffige Basilika, auf die der heutige
Bau zurückgeht.

Als zur Zeit des Kaisers Octavian die Senatoren sahen,
dass er so schön war, dass niemand in seine Augen schauen
konnte, und in solchem Glück und Frieden herrschte, dass
er sich die ganze Welt tributpflichtig machte, sagten sie zu
ihm: «Wir wollen dich anbeten, weil in dir etwas Göttliches
ist. Wäre dies nicht so, ginge dir nicht alles glücklich aus.»
Er lehnte ab und verlangte Ruhe. Dann ließ er die Tiburtini-
sche Sibylle holen und berichtete ihr, was die Senatoren
gesagt hatten. Sie verlangte drei Tage Zeit, in denen sie
strenges Fasten einhielt. Nach dem dritten Tage antwortete
sie dem Kaiser: «Ohne Zweifel, Herr Kaiser, ist dies das
Zeichen des Gerichts: Die Erde wird von Schweiß triefen.
Vom Himmel wird ein König kommen, der in alle Ewigkeit
herrscht, im Fleische gegenwärtig, um die Welt zu richten»
und so weiter. Auf der Stelle öffnete sich der Himmel und
ungeheurer Glanz fiel auf ihn. Und er sah am Himmel eine
Jungfrau von unvergleichlicher Schönheit, die über einem
Altar stand und ein Kind in ihren Armen hielt. Er wunderte
sich sehr und hörte eine Stimme, die sprach: «Das ist der

Dei est». Qui statim in terram procidens adoravit.
Quam visionem retulit senatoribus et ipsi mirati
sunt nimis. Hec visio fuit in camera Octaviani
imperatoris, ubi nunc est ecclesia sancte Marie in
Capitolio; idcirco dicta est Sancta Maria Ara celi.
Mirabilia urbis Romae

CARCER MAMERTINUS

Est in carcere locus, quod Tullianum appellatur,
ubi paululum ascenderis ad laevam, circiter
duodecim pedes humi depressus; eum muniunt
undique parietes atque insuper camera lapideis
fornicibus iuncta; sed incultu tenebris odore
foeda atque terribilis eius facies est.
Sallust (86 – 34 v. Chr.), Catilinae Coniuratio 55, 3

DAS KAPITOL ZU BEGINN DER NEUZEIT
Id vero gravissimum et haud parva cum admiratione recensendum, hunc Capitolii collem,
caput quondam Romani Imperii atque orbis
terrarum arcem, quem omnes reges ac principes
tremebant, in quem triumphantes tot impera-
tores ascenderunt, donis ac spoliis tot tantarum-
que gentium ornatum florentemque ac universo
orbi spectandum adeo desolatum atque eversum
et a priori illo aureo immutatum, ut vineae in
Senatorum subsellia successerint, stercorum
ac purgamentorum receptaculum factum.
Poggio Bracciolini (1380–1459), De varietate Fortunae

Altar des Gottessohns.» Und sofort warf er sich zu Boden und betete. Er erzählte den Senatoren von dieser Erscheinung, und sie wunderten sich sehr. Diese Erscheinung ereignete sich im Gemach des Kaisers Octavian, wo jetzt die Kirche der heiligen Maria auf dem Kapitol steht; daher heißt sie Heilige Maria auf dem Himmelsaltar.

Am Fuß des kapitolinischen Hügels war das römische Staatsgefängnis. Ein Teil davon, das Tullianum, ist noch erhalten. Berühmte Gefangene, die ins Verlies geworfen und danach erdrosselt wurden, waren Jugurtha, Vercingetorix, Mitverschwörer Catilinas und Seianus.
Im Gefängnis gibt es, wenn man links ein wenig hinaufsteigt, einen «Tullianum» genannten Ort, ungefähr zwölf Fuß unter der Erde. Er wird auf allen Seiten von Mauern gesichert und oben von einem Gewölbe aus steinernen Bögen. Sein Aussehen ist durch die Verwahrlosung, die Dunkelheit und die schlechte Luft grässlich und entsetzlich.

Das aber ist besonders traurig und muss einem mit großer Verwunderung durch den Kopf gehen, dass dieser Kapitolinische Hügel, einst das Haupt des Römischen Reiches und die Burg der ganzen Welt, vor dem alle Könige und Fürsten zitterten, auf den so viele siegreiche Feldherren im Triumphzug hinaufzogen, der mit den Geschenken und Beutestücken so vieler und so bedeutender Völker geschmückt war und erstrahlte und den die ganze Welt bewundern musste – dass dieses Kapitol, das so verlassen und zerstört ist und seine frühere Pracht so verloren hat, dass Weinberge an die Stelle der Senatorensitze getreten sind, ein Abladeplatz für Mist und Abfall geworden ist.

Kapitol und Arx

Palatin

Die Hütte des Romulus

Disciplina militaris acriter retenta principatum
Italiae Romano imperio peperit, multarum urbium,
magnorum regum, validissimarum gentium
regimen largita est, fauces Pontici sinus patefecit,
Alpium Taurique montis convulsa claustra tradidit,
ortumque e parvula Romuli casa totius terrarum
orbis fecit columen. *Valerius Maximus (1. Jh. n. Chr.),*
Facta et Dicta Memorabilia 2, 8, pr. 1

Der Kriegsgott Mars über die Hütte des Romulus

Quae fuerit nostri si quaeris regia nati,
    aspice de canna straminibusque domum.
in stipula placidi capiebat munera somni,
    et tamen ex illo venit in astra toro.
Ovid (43 v. Chr. – ca. 17 n. Chr.), Fasti 3, 183

Das Lupercal

Forsitan et quaeras cur sit locus ille Lupercal,
    quaeve diem tali nomine causa notet.
Silvia Vestalis caelestia semina partu
    ediderat, patruo regna tenente suo;
is iubet auferri parvos et in amne necari:
    Quid facis? Ex istis Romulus alter erit.
Iussa recusantes peragunt lacrimosa ministri
    flent tamen et geminos in loca sola ferunt.
Albula, quem Tiberim mersus Tiberinus in undis
    reddidit, hibernis forte tumebat aquis:

Auf dem Palatin verehrte man noch im 4. Jh. n. Chr. eine strohgedeckte
Hütte als Haus des Romulus. 1948 wurden nahe dem Magna-Mater-
Tempel Fundamente von Hütten ausgegraben, die nach Scherbenfunden
ins 8. Jh. v. Chr. zu datieren sind.

Die militärische Disziplin, an der man streng festhielt, ver-
schaffte dem römischen Reich die Vorherrschaft über Italien,
schenkte ihm die Herrschaft über viele Städte, stolze Könige
und sehr mächtige Völker; sie öffnete den Zugang zum
Schwarzen Meer, sprengte das Bollwerk der Alpen und des
Taurus und lieferte sie ihm aus und machte das, was aus der
kleinen Hütte des Romulus entstanden war, zum Haupt der
ganzen Welt.

Solltest du fragen, wie der Palast meines Sohnes gewesen:
    Schau auf das Haus aus Schilf, das nur mit Stroh ist gedeckt.
Stroh war sein Lager, da fand er die Gabe des friedlichen Schlafes.
    Trotzdem: aus diesem Bett stieg zu den Sternen er auf.

Am Fuß des Palatin war eine Grotte, in der nach der Sage Romulus
und Remus von einer Wölfin genährt wurden.

Fragen magst du vielleicht, warum dieser Ort heißt Lupercal,
    oder was für ein Grund gibt diesen Namen dem Tag.
Silvia hatte – Vestalin war sie – von göttlichem Samen
    Kinder zur Welt gebracht, während ihr Onkel regiert.
Fortschaffen lässt er die Kleinen und heißt im Fluss sie zu töten:
    Was machst du? Einer davon wird einmal Romulus sein.
Widerwillig erfüllen die Diener voll Tränen den Auftrag,
    weinen und tragen die zwei doch zu dem einsamen Ort.
Albula, nun heißt er Tiber (Tiberinus ertrank in den Wogen)
    strömte in schwellender Flut, wie es im Winter geschieht:

Hic, ubi nunc fora sunt, lintres errare videres,
  quaque iacent valles, Maxime Circe, tuae.
Huc ubi venerunt neque enim procedere possunt
  longius, ex illis unus et alter ait:
« At quam sunt similes. At quam formosus uterque.
  Plus tamen ex illis iste vigoris habet.
Si genus arguitur voltu, nisi fallit imago,
  nescioquem in vobis suspicor esse deum.
At siquis vestrae deus esset originis auctor,
  in tam praecipiti tempore ferret opem:
Ferret opem certe, si non ope, mater, egeret,
  quae facta est uno mater et orba die.
Nata simul, moritura simul, simul ite sub undas
  corpora. » Desierat, deposuitque sinu.
Vagierunt ambo pariter: Sensisse putares;
  hi redeunt udis in sua tecta genis.
Sustinet impositos summa cavus alveus unda:
  Heu quantum fati parva tabella tulit.
Alveus in limo silvis appulsus opacis
  paulatim fluvio deficiente sedet.
Arbor erat: Remanent vestigia, quaeque vocatur
  Rumina nunc ficus Romula ficus erat.
Venit ad expositos, mirum, lupa feta gemellos:
  Quis credat pueris non nocuisse feram?
non nocuisse parum est, prodest quoque. Quos lupa
  perdere cognatae sustinuere manus. |nutrit,
Constitit et cauda teneris blanditur alumnis,
  et fingit lingua corpora bina sua.
Marte satos scires: Timor abfuit. Ubera ducunt
  nec sibi promissi lactis aluntur ope.
Illa loco nomen fecit, locus ipse Lupercis;
  magna dati nutrix praemia lactis habet.
Ovid (43 v. Chr. – ca. 17 n. Chr.), Fasti 2, 381

Hier, wo die Foren jetzt sind, sah Kähne man überall fahren,
    und auch dort, wo dein Tal, mein Circus Maximus, liegt.
Als sie nun hierher kamen, denn weiter zu gehn war nicht
    rief unter ihnen der oder ein anderer aus: [möglich,
« Oh, wie sind sie sich ähnlich! Oh, wie schön sind sie beide!
    Aber trotzdem hat der mehr noch als jener an Kraft.
Wenn im Gesicht sich Herkunft verrät, der Anblick nicht täuscht,
    glaub' ich, dass irgendein Gott sich in euch beiden verbirgt.
Wäre jedoch ein Gott der Stammvater eures Geschlechtes,
    brächte er doch ganz gewiss Hilfe in so großer Not:
Hilfe brächte die Mutter, bedürfte sie selbst nicht der Hilfe,
    sie, die an einem Tag Mutter und kinderlos ward.
Gleichzeitig kamt ihr zur Welt, so sterbt nun zugleich in den
    Damit endete er, setzte die beiden dann ab.   [Wogen!»
Beide wimmern zugleich, sie spürten es, konnte man glauben;
    sie aber gehen nach Haus, tränenbenetzt das Gesicht.
Hoch auf den Wogen trägt nun die hohle Mulde die beiden.
    Ach, welche Schicksalslast trug dieses winzige Holz.
Endlich strandet die Mulde im Schlamm von schattigen Wäldern,
    als allmählich der Fluss tritt in sein Bette zurück.
Da stand ein Baum (vorhanden sind noch die Reste) mit Namen
    Rumina-Feigenbaum jetzt, Romulus-Feigenbaum einst.
Zu den Verlassenen kam die säugende Wölfin – oh Wunder!
    Kann man denn glauben, das Tier habe dem Paar nichts getan?
Nichts getan ist zu wenig. Sie hilft auch. Sie, die die Wölfin
    nährt – verwandte Hand richtet die beiden zugrund.
Sie jedoch bleibt stehn, ihr Schwanz liebkost die zarten
    Säuglinge, und sie leckt mit ihrer Zunge den Leib.
Mars war ihr Vater, das sah man. Furchtlos ziehn sie die Zitzen,
    und die nährende Milch war ihnen nicht zugedacht.
So gab die Wölfin dem Ort, der Ort den Luperci den Namen;
    groß ist der Lohn für die Milch, den die Ernährerin hat.

Habitavit primo iuxta Romanum forum supra
Scalas anularias, in domo quae Calvi oratoris
fuerat; postea in Palatio, sed nihilo minus aedibus modicis Hortensianis, et neque laxitate
neque cultu conspicuis, ut in quibus porticus
breves essent Albanarum columnarum et sine
marmore ullo aut insigni pavimento conclavia.
Ac per annos amplius quadraginta eodem cubiculo hieme et aestate mansit, quamvis parum
salubrem valitudini suae urbem hieme experi-
retur assidueque in urbe hiemaret. Si quando
quid secreto aut sine interpellatione agere
proposuisset, erat illi locus in edito singularis,
quem Syracusas et technyphion vocabat (...).
Instrumenti eius et supellectilis parsimonia
apparet etiam nunc residuis lectis atque mensis,
quorum pleraque vix privatae elegantiae sint.
Sueton (ca. 75–150), Augustus 72

APOLLOTEMPEL – GEBET DES DICHTERS

Quid dedicatum poscit Apollinem
vates? Quid orat de patera novum
   fundens liquorem? Non opimae
      Sardiniae segetes feracis,

non aestuosae grata Calabriae
armenta, non aurum aut ebur Indicum,
   non rura, quae Liris quieta
      mordet aqua taciturnus amnis.

*Dass Augustus den Palatin als Wohnsitz wählte, war für die Geschichte
des Hügels entscheidend: Die folgenden Kaiser bauten ihre Residenzen
ebenfalls dort, so dass der Hügel ein einziger «Palast» wurde.*

Zuerst wohnte er in der Nähe des Forum Romanum ober-
halb der Ringmachertreppe in dem Haus, das dem Redner
Calvus gehört hatte; später auf dem Palatin, doch im bescheidenen Haus des Hortensius, das weder durch Geräumig-
keit noch durch Pracht auffiel, denn darin gab es nur kleine
Hallen mit Säulen aus dem Stein vom Albanerberg und
Zimmer ohne allen Marmor und ohne prunkvollen Mosaik-
fußboden. Über vierzig Jahre bewohnte er im Winter wie
im Sommer dasselbe Zimmer, obwohl er merkte, dass Rom
im Winter seiner Gesundheit nicht sehr zuträglich war,
und obwohl er diese Jahreszeit ständig in der Stadt ver-
brachte. Wenn er einmal ganz für sich und ungestört arbeiten wollte, benutzte er dafür ein separates Zimmer im obe-
ren Stockwerk, das er sein «Syrakus» und seine «Kleine
Werkstatt» nannte. (...) Wie einfach sein Hausrat und
sein Mobiliar waren, kann man heute noch an den Betten
und Tischen sehen, die erhalten sind. Das meiste davon
entspräche kaum dem Geschmack eines Privatmanns.

*28 v. Chr. wurde der Tempel, den Augustus unmittelbar neben seinem
Haus errichten ließ, eingeweiht.*

Was will bei seiner Weihe der Sänger von
Apollo? Worum bittet er, neuen Wein
   vergießend aus der Schale? Nicht um
      fruchtbare Felder der reichen Sarden,

nicht Rinder aus dem heißen Kalabrien,
die teuer sind, nicht Gold oder Elfenbein
   der Inder, Ländereien nicht, die
      lautlos mit Wasser der Liris bespült.

Premant Calenam falce quibus dedit
fortuna vitem, dives ut aureis
    mercator exsiccet culillis
        vina Syra reparata merce,

dis carus ipsis, quippe ter et quater
anno revisens aequor Atlanticum
    inpune. Me pascunt olivae,
        me cichorea levesque malvae.

Frui paratis et valido mihi,
Latoe, dones et precor integra
    cum mente nec turpem senectam
        degere nec cithara carentem.
Horaz (65–8 v. Chr.), Carmina 1, 31

DER PALAST DES DOMITIAN

Regia pyramidum, Caesar, miracula ride;
    iam tacet Eoum barbara Memphis opus:
Pars quota Parrhasiae labor est Mareoticus aulae?
    Clarius in toto nil videt orbe dies.
Septenos pariter credas adsurgere montes,
    Thessalicum brevior Pelion Ossa tulit;
aethera sic intrat, nitidis ut conditus astris
    inferiore tonet nube serenus apex
et prius arcano satietur numine Phoebi,
    nascentis Circe quam videt ora patris.
Haec, Auguste, tamen, quae vertice sidera pulsat,
    par domus est caelo, sed minor est domino.
Martial (ca. 40– ca.103), Epigrammata 8, 36

Beschneiden mögen, denen das Glück ihn gab,
mit ihrem Winzermesser Calener Wein,
    damit ein reicher Händler goldne
        Becher, für syrische Ware getauscht,

austrinke, lieb den Göttern, der jährlich drei-
und viermal das Atlantische Meer befährt
    gefahrlos. Aber ich ernähre
        mich von Oliven, Cichorie, Malven.

Genießen das Vorhandene, was gesund
für mich, Apoll, gewähre mir dies! Und lass
    mich mit Verstand und Würde altern,
        und auf die Leier doch nicht verzichten.

Der von Domitian (81–96) errichtete Palast wurde von den Zeitgenos-
sen wie ein Weltwunder betrachtet. Er blieb die Residenz der römischen
Herrscher bis ans Ende der Kaiserzeit.
Über die Pharaonenwunder, die Pyramiden,
    spotte, oh Cäsar! Es schweigt Memphis, das östliche Werk:
Weitaus größer als Bauten Ägyptens: dein Schloss auf dem
    Schöneres sieht der Tag nirgendwo je in der Welt. [Hügel.
Sieben Hügel erheben zugleich sich, möchte man glauben,
    Ossa war nicht so hoch, als sie das Pelion trug.
So dringt bis zum Himmel inmitten glänzender Sterne
    heiter der Giebel, so dass tiefer der Donner ertönt
und der Palast genießt des Phoebus verborgenes Walten,
    noch bevor sein Gesicht Circe erblickt, wenn er kommt.
Dieser Palast, der die Sterne berührt mit dem Giebel, Augustus,
    ist zwar dem Himmel gleich, kleiner jedoch als sein Herr.

Der Palatin in der Neuzeit

Respice ad Palatinum montem, et ibi fortunam
incusa, quae domum a Nerone post incensam
urbem totius orbis spoliis confectam atque
absumptis imperii viribus ornatam, quam silvae,
lacua, obelisci, porticus, colossi, theatra, varii
coloris marmora admirandam videntibus red-
debant, ita prostravit, ut nulla rei cuiusquam
effigies superextet, quam aliquid certum praeter
vasta rudera queas dicere.

Poggio Bracciolini (1380–1459), De varietate Fortunae

Forum Romanum

Ursprünglich ein Sumpfgebiet

Die sumpfige Niederung zwischen Kapitol und Palatin wurde wahr-
scheinlich erst beim Zusammenschluss der Siedlungen auf den Hügeln

Hoc, ubi nunc fora sunt, udae tenuere paludes;
    amne redundatis fossa madebat aquis.
Curtius ille lacus, siccas qui sustinet aras,
    nunc solida est tellus, sed lacus ante fuit;
qua Velabra solent in Circum ducere pompas,
    nil praeter salices cassaque canna fuit.

Ovid (43 v. Chr. – ca. 17 n. Chr.), Fasti 6, 401

Cloaca maxima

(...) mirabantur (...) cloacas, opus omnium
dictu maximum, subfossis montibus atque
(...) urbe pensili subterque navigata M.
Agrippae in aedilitate post consulatum. Per-
meant conrivati septem amnes cursuque

Schau auf den Palatin, und klage dort das Schicksal an, das einen Palast, der von Nero nach den Stadtbrand mit Beutestücken aus der ganzen Welt errichtet und unter Erschöpfung der Kräfte des Reiches ausgestattet wurde, den Wälder, Seen, Obelisken, Säulenhallen, Riesenstatuen, Theater und verschiedenfarbiger Marmor für den Betrachter zu einem Wunderwerk machten, dermaßen zugrunde gerichtet hat, so dass von nichts auch nur eine bildliche Vorstellung vorhanden ist, die man als etwas Sicheres bestimmen könnte außer öden Ruinen.

in das Stadtgebiet einbezogen. Durch Entwässerungskanäle – der größte ist die Cloaca Maxima – wurde die Gegend trockengelegt und in einen Versammlungs- und Marktplatz umgewandelt.

Hier, wo die Foren jetzt sind, da lagen einst feuchte Sümpfe;
    vom überflutenden Fluss wurde der Graben gefüllt
Dort liegt Curtius' Teich, im Trockenen steht ein Altar dort,
    Jetzt ist die Erde fest, früher war es ein Teich.
Wo das Velabrum gewöhnlich den Zug zum Zirkus geleitet,
    gab es nur Weidengebüsch, außerdem nur hohles Schilf.

Man bewunderte die Abwasserkanäle, das allergrößte Bauwerk: Als Agrippa nach seinem Konsulat Ädil war, hatte er die Hügel untergraben lassen und die Stadt auf Substruktionen gesetzt, so dass sie unterirdisch mit Schiffen befahren werden konnte. Sieben Flüsse, die in ein Bett geleitet

praecipiti torrentium modo rapere atque
auferre omnia coacti, insuper imbrium mole
concitati vada ac latera quatiunt, aliquando
Tiberis retro infusus recipitur, pugnantque
diversi aquarum impetus intus, et tamen
obnixa firmitas resistit. Trahuntur moles
superne tantae non succumbentibus cavis
operis, pulsant ruinae sponte praecipites
aut inpactae incendiis, quatitur solum terrae
motibus, durant tamen a Tarquinio Prisco
annis DCC prope inexpugnabiles, non omit-
tendo memorabili exemplo vel magis, quoniam celeberrimis rerum conditoribus omis-
sum est. Cum id opus Tarquinius Priscus
plebis manibus faceret, essetque labor incertum maior an longior, passim conscita
nece Quiritibus taedium fugientibus, novum, inexcogitatum ante posteaque reme-
dium invenit ille rex, ut omnium ita
defunctorum corpora figeret cruci spect-
anda civibus simul et feris volucribusque
laceranda.

Plinius d. Ä. (23/24–79), Naturalis Historia 36, 104, 5

Menschen auf dem Forum

Commonstrabo, quo in quemque hominem facile
                             inveniatis loco,
ne nimio opere sumat operam si quem conventum
                                  velit,
vel vitiosum vel sine vitio, vel probum vel improbum.
Qui periurum convenire vult hominem ito in
                                comitium;

sind, durchströmen die Stadt, und in ihrem rasenden Lauf reißen sie wie Sturzbäche gezwungenermaßen alles mit und schwemmen es fort und erschüttern, obendrein durch die Masse des Regenwassers beschleunigt, den Grund und die Seiten des Kanals; manchmal muss noch der zurückströmende Tiber aufgenommen werden, dann kämpfen im Inneren die in entgegengesetzte Richtung strömenden Wassermassen, und trotzdem bietet das feste Mauerwerk unerschütterlichen Widerstand. Gewaltige Lasten werden oben darüber geschleppt, ohne dass die Gewölbe des Bauwerks nachgeben, es schlagen Trümmer von Häusern darauf, die von allein einstürzen oder durch Brände darauffallen, der Boden wird von Erdbeben erschüttert   trotzdem bestehen die Kanäle seit Tarquinius Priscus fast 700 Jahre lang unzerstörbar fort. Dabei darf man eine denkwürdige Maßnahme nicht unerwähnt lassen, zumal sie von den berühmtesten Historikern übergangen worden ist: Als Tarquinius Priscus dieses Bauwerk von den Händen des Volkes errichten ließ, und es nicht sicher war, ob die Arbeit noch schwieriger werde oder noch länger dauern würde, nahmen sich viele Römer das Leben, um der Mühsal zu entgehen. Da fand der König ein neues, weder vorher noch nachher jemals ausgedachtes Mittel: Er ließ die Leichen aller auf diese Weise Verstorbenen ans Kreuz schlagen, so dass sie von den Bürgern gesehen und zugleich von wilden Tieren und Vögeln zerfleischt würden.

In einer Komödie des Plautus (Anfang 2. Jh. v. Chr.) werden die verschiedenen Typen geschildert, die man auf dem Forum trifft.
Nun zeig ich euch, an welchem Ort der Stadt
jedweder Mensch am leichtesten zu finden ist,
damit ihr nicht lang laufen müsst, wenn einen ihr
wollt treffen, einen Lasterhaften oder einen
von Lastern freien, Gauner oder Biedermann.
Wer einen finden will, der falsch geschworen hat,

qui mendacem et gloriosum, apud Cloacinae

sacrum,

ditis damnosos maritos sub basilica quaerito.
Ibidem erunt scorta exoleta quique stipulari solent,
symbolarum collatores apud forum piscarium.
In foro infimo boni homines atque dites ambulant,
in medio propter canalem, ibi ostentatores meri;
confidentes garrulique et malevoli supera lacum,
qui alteri de nihilo audacter dicunt contumeliam
et qui ipsi sat habent quod in se possit vere dicier.
Sub veteribus, ibi sunt qui dant quique accipiunt

fenore.

Pone aedem Castoris, ibi sunt subito quibus credas

male.

In Tusco vico, ibi sunt homines qui ipsi sese

venditant,

[in Velabro vel pistorem vel lanium vel haruspicem]
Vel qui ipsi vorsant vel qui aliis ubi vorsentur

praebeant.

Plautus (ca. 240 – 184 v. Chr.), Curculio 467

Ein Rundgang auf dem Forum Romanum

Die Sacra Via

Sacram viam quidam appellatam esse existimant,
quod in ea foedus ictum sit inter Romulum ac
Tatium; quidam, quod eo itinere utantur sacerdotes idulium sacrorum conficiendorum causa.
*Sextus Pompeius Festus (2. Jh. n. Chr.), De verborum
significatu 290, 64*

der gehe aufs Comitium. Wer 'n Lügner sucht
und Prahlhans, geh' in Cloacinas Heiligtum.
Verschwenderische, reiche Ehemänner trifft
man in der Börsenhalle; dort begegnet man
den ausgedienten Huren und dem Kupplervolk;
am Fischmarkt findet man die Picknick-Arrangeure.
Ganz unten auf dem Forum gehn spazieren
honette, reiche Leute; in der Mitte, beim Kanal,
stehn lauter Renommisten; Gecken, Schwätzer und
Verleumder hinterm Teich. Sie sprechen schlecht
von andern, dreist, um nichts; doch, fragt man nach,
sind sie's, von denen sich am meisten sagen lässt.
Die Wucherer samt ihren Kunden findet man
dort bei den alten Buden; hinter Castors Heiligtum
die, denen man zum eignen größten Schaden traut.
Im Tuskerviertel hausen Leute, die sich selbst
verkaufen; im Velabrum Bäcker, Fleischer, auch
Wahrsager aus den Eingeweiden, solche, die
den andern Nasen drehn, sich selber drehen lassen.
(Übersetzung nach Wilhelm Binder)

*Die Sacra Via bildete wahrscheinlich die Grenze der ursprünglichen
Siedlung. Der vom 9. bis ins 7. Jh. genutzte Begräbnisplatz an der Nord-
seite lag also außerhalb der Stadt. Auf der Sacra Via zogen die trium-
phierenden Feldherren über das Forum zum Kapitol.*
Manche glauben, sie heiße Heilige Straße, weil auf ihr das
Bündnis zwischen Romulus und Tatius geschlossen worden
sei; manche, weil die Priester diesen Weg nehmen, um die
Opfer an den Iden abzuhalten.

Rem ubi pacunt, orato. Ni pacunt, in comitio
aut in foro ante meridiem caussam coiciunto,
com peroranto ambo praesentes. Post meridiem
praesenti litem addicito. Si ambo praesentes,
solis occasus suprema tempestas esto.
Zwölftafelgesetze, Tab. 1

DER FEIGENBAUM AUF DEM COMITIUM

Eodem anno Ruminalem arborem in comitio,
quae octingentos et triginta ante annos Remi
Romulique infantiam texerat, mortuis ramalibus
et arescente trunco deminutam prodigii loco
habitum est, donec in novos fetus reviresceret.
Tacitus: Annales 13, 58, 1

KURIE: SENATSSITZUNGEN
*Das heutige Gebäude entstand unter Kaiser Diokletian im Jahr 283. Es
ersetzte die abgebrannte Curia Iulia, die von Caesar 52 v. Chr. errichtet*
Tum adscripsit de locis, in quibus senatus-
consultum fieri iure posset, docuitque
confirmavitque, nisi in loco per augures
constituto, quod ‹templum› appellaretur,
senatusconsultum factum esset, iustum
id non fuisse. Propterea et in curia Hostilia
et in Pompeia et post in Iulia, cum pro-

Das Comitium war der politische Mittelpunkt der Stadt. Von der kreis-
runden republikanischen Anlage ist nach der Umgestaltung durch
Caesar und Augustus nichts mehr zu sehen. Hier fand die Volksver-
sammlung statt, hier wurde Recht gesprochen.

Wenn sie die Sache gütlich beilegen, soll der Prätor den
Vergleich bekräftigen. Wenn sie die Sache nicht beilegen,
sollen sie den Fall am Vormittag auf dem Comitium oder
auf dem Forum verhandeln. Beide sollen persönlich anwesend zusammen vortragen. Nach Mittag soll er den
Streitgegenstand dem, der anwesend ist, zusprechen.
Wenn beide anwesend sind, soll der Sonnenuntergang
die letzte Zeit sein.

Der Feigenbaum stand ursprünglich beim Lupercal, der Grotte am Fuß
des Palatin, wo die Wölfin Romulus und Remus gefunden hat. Er soll
durch ein Wunder auf das Comitium versetzt worden sein.

Im selben Jahr [58 n. Chr.] starb der Ruminalische Baum
auf dem Comitium ab, der 830 Jahre vorher die Säuglinge
Remus und Romulus geschützt hatte. Die Äste ließen die
Blätter fallen, und der Stamm vertrocknete. Man hielt dies
für ein schlechtes Zeichen, bis er wieder neue Triebe bekam
und wieder grün wurde.

und von Augustus 29 v. Chr. geweiht wurde. Die Curia Julia ihrer-
seits war anstelle der 52 v. Chr. durch Brand zerstörten Curia Hostilia
erbaut worden.

Dann schrieb er [Marcus Varro] über die Orte, an denen ein
rechtmäßiger Senatsbeschluss gefasst werden konnte, und
erklärte genau, ein Beschluss sei nicht rechtmäßig gewesen,
wenn er nicht an einem von den Auguren festgelegten Platz,
namens «templum» zustande gekommen sei. Deswegen
seien in der Curia Hostilia und in der Kurie des Pompeius
und später in der Curia Iulia, welche Orte nicht geweiht

fana ea loca fuissent, templa esse per
augures constituta, ut in iis senatus-
consulta more maiorum iusta fieri possent.
Inter quae id quoque scriptum reliquit non
omnes aedes sacras templa esse ac ne aedem
quidem Vestae templum esse.
Post haec deinceps dicit senatusconsultum
ante exortum aut post occasum solem factum
ratum non fuisse; opus etiam censorium
fecisse existimatos, per quos eo tempore
senatusconsultum factum esset. Docet
deinde inibi multa: quibus diebus haberi
senatum ius non sit; immolareque hostiam
prius auspicarique debere, qui senatum
habiturus esset, de rebusque divinis prius
quam humanis ad senatum referendum
esse; tum porro referri oportere aut infinite
de republica aut de singulis rebus finite;
senatusque consultum fieri duobus modis,
aut per discessionem, si consentiretur, aut,
si res dubia esset, per singulorum sententias
exquisitas; singulos autem debere consuli
gradatim incipique a consulari gradu. Ex quo
gradu semper quidem antea primum rogari
solitum, qui princeps in senatum lectus esset;
tum autem, cum haec scriberet, novum
morem institutum refert per ambitionem
gratiamque, ut is primus rogaretur, quem
rogare vellet, qui haberet senatum, dum is
tamen ex gradu consulari esset. Praeter haec
de pignore quoque capiendo disserit deque
multa dicenda senatori, qui, cum in senatum
venire deberet, non adesset.
Gellius (ca. 130 – ca. 180), Noctes Atticae 14, 7, 7

waren, von den Auguren heilige Bezirke festgelegt worden, damit dort Beschlüsse gefasst werden konnten, die nach dem Brauch der Vorfahren rechtmäßig waren. Unter all diesen Äußerungen hat er auch die Notiz hinterlassen, dass nicht alle für religiöse Zwecke bestimmten Gebäude heilige Bezirke seien, nicht einmal der Vestatempel. Gleich danach spricht er davon, dass ein Senatsbeschluss, der vor Sonnenaufgang oder nach Sonnenuntergang gefasst wurde, ungültig gewesen sei. Man sei der Meinung gewesen, wer zu dieser Zeit einen Beschluss herbeiführte, habe eine vom Zensor zu rügende Handlung begangen. An eben der Stelle erklärt er noch vieles: an welchen Tagen man kein Recht habe, eine Senatsversammlung abzuhalten; wer eine Senatsversammlung abhalten wolle, müsse zuerst ein Tier opfern und die Auspizien durchführen, und man müsse dem Senat erst über göttliche, danach über menschliche Angelegenheiten berichten; weiterhin müsse man entweder im allgemeinen über den Staat oder über einzelne Angelegenheiten im besonderen Bericht erstatten; ein Senatsbeschluss komme auf zwei Arten zustande, entweder durch Abstimmung ohne Diskussion, wenn man sich einig sei, oder, wenn der Fall zweifelhaft sei, dadurch, dass man jeden einzelnen nach seiner Meinung frage; die einzelnen müssten nach ihrer Rangordnung befragt werden und man müsse beim konsularischen Rang beginnen. Früher sei aus diesem Rang zwar gewöhnlich immer der zuerst befragt worden, der als erster in den Senat aufgenommen wurde; damals aber, als er das schrieb, sei, wie er berichtet, aus Karrieresucht und Gefälligkeit als neuer Brauch eingeführt worden, dass der als erster befragt wurde, den der Vorsitzende der Senatssitzung befragen wollte, vorausgesetzt er war von konsularischem Rang. Außerdem spricht er auch davon, dass einem Senator, der trotz Anwesenheitspflicht in der Senatssitzung fehlte, ein Pfand genommen und eine Geldbuße auferlegt wurde.

Populus duce Sex. Clodio scriba corpus P. Clodi
in curiam intulit cremavitque subselliis et tri-
bunalibus et mensis et codicibus librariorum; quo
igne et ipsa quoque curia flagravit, et item Porcia
basilica, quae erat ei iuncta, ambusta est. (...) Incendium curiae maiorem aliquanto indignatio-
nem civitatis moverat quam interfectio Clodi.
Asconius Pedianus (9 v. Chr. – 76 n. Chr.), Pro Milone 8

Quo quid miserius, quid acerbius, quid luctu-
osius vidimus? Templum sanctitatis, amplitudinis, mentis, consili publici, caput urbis, aram
sociorum, portum omnium gentium, sedem
ab universo populo concessam uni ordini,
inflammari, exscindi, funestari, neque id fieri
a multitudine imperita, quamquam esset
miserum id ipsum, sed ab uno? Qui cum tantum ausus sit ustor pro mortuo, quid signifer
pro vivo non esset ausurus? In curiam potissi-
mum abiecit, ut eam mortuus incenderet
quam vivus everterat. Et sunt, qui de via Appia
querantur, taceant de curia, et qui ab eo spirante
forum putent potuisse defendi, cuius non
restiterit cadaveri curia?
Cicero (106 – 43 v. Chr.), Pro Milone 90, 5

DER STREIT UM DEN ALTAR DER VICTORIA IN DER KURIE (384)

*Augustus hatte 29 v. Chr. in der Kurie eine Statue der Victoria und da-
vor einen Altar aufstellen lassen. Als Kaiser Constantius II. im Jahr
357 Rom besuchte, wurde der Altar vorübergehend entfernt. Kaiser*

Clodius war von der Bande des Milo in der Nähe von Rom ermordet
worden. Seine Anhänger trugen die Leiche in die Kurie und verbrann-
ten sie dort, so dass auch das Gebäude in Flammen aufging.

Unter der Führung des Schreibers Sextus Clodius brachte
das Volk die Leiche des Publius Clodius in die Kurie und
verbrannte sie mit den Bänken, den Richterstühlen, den
Tischen und den Büchern der Buchhändler. Durch dieses
Feuer geriet auch die Kurie selber in Brand, desgleichen
brannte die Basilica Porcia, die mit ihr verbunden war,
halb ab. (...) Der Brand der Kurie erregte bedeutend mehr
Unwillen bei den Bürgern als die Ermordung des Clodius.

Haben wir jemals etwas Entsetzlicheres, Schmerzlicheres,
Traurigeres gesehen? Der Tempel der Heiligkeit, der Größe,
der Einsicht und der Klugheit des Staates, das Haupt der
Stadt, der Altar der Bundesgenossen, der Hafen aller Völker,
dieser vom ganzen Volk dem einen Stand zuerkannte Sitz
wird in Flammen gesetzt, zerstört, entweiht – nicht von der
törichten Menge, obwohl auch das etwas Abscheuliches
wäre, sondern von einem Mann allein. Wenn er als Leichen-
verbrenner für einen Toten so viel gewagt hat, was hätte er
als Bannerträger für einen Lebenden nicht gewagt? Er hat
ihn hauptsächlich dazu in die Kurie geworfen, dass der Tote
in Brand stecke, was der Lebende vernichten wollte. Und da
gibt es Leute, die über die Via Appia jammern, aber über die
Kurie schweigen; die glauben, das Forum hätte gegen einen
Lebenden verteidigt werden können, gegen dessen Leiche
die Kurie keinen Widerstand leisten konnte.

Gratian ließ 382 den Altar erneut aus der Kurie entfernen. Symmachus,
der 384 Stadtpräfekt war, bat Kaiser Valentinus II., den Altar wieder
aufzustellen, scheiterte aber am Widerstand des Mailänder Bischofs
Ambrosius.

Repetimus igitur religionum statum, qui
rei publicae diu profuit. Certe dinumeren-
tur principes utriusque sectae, utriusque
sententiae: Pars eorum prior caerimonias
patrum coluit, recentior non removit.
Si exemplum non facit religio veterum,
faciat dissimulatio proximorum. Quis ita
familiaris est barbaris, ut aram Victoriae
non requirat? Cauti in posterum sumus et
aliarum rerum ostenta vitamus. Reddatur
saltem nomini honor, qui numini dene-
gatus est. Multa Victoriae debet aeternitas
vestra et adhuc plura debebit; aversentur
hanc potestatem, quibus nihil profuit;
vos amicum triumphis patrocinium nolite
deserere. Cunctis potentia ista votiva est;
nemo colendam neget, quam profitetur
optandam.
Quodsi huius ominis non esset iusta
vitatio, ornamentis saltem Curiae decuit
abstineri. Praestate, oro vos, ut ea, quae
pueri suscepimus, senes posteris relinqua-
mus. (...)
Romam nunc putemus adsistere atque
his vobiscum agere sermonibus: Optimi
principum, patres patriae, reveremini
annos meos, in quos me pius ritus adduxit!
Utar caeremoniis avitis; neque enim
paenitebit. Vivam meo more, quia libera
sum! Hic cultus in leges meas orbem re-
degit, haec sacra Hannibalem a moenibus,
a Capitolio Senonas reppulerunt. Ad hoc
ergo servata sum, ut longaeva reprehen-
dar? Videro, quale sit, quod instituendum

Antrag des Symmachus: Wir wollen also die religiösen Ver-
hältnisse wiederhaben, die dem Staat lange Zeit genützt
haben. Sicher kann man Kaiser aufzählen, die Anhänger
der einen wie auch der anderen Religion und Lehre waren.
Die früheren Kaiser haben die Zeremonien der Väter ge-
ehrt, die späteren sie nicht abgeschafft. Wenn die Religion
der früheren Kaiser kein Vorbild ist, so sollte doch die Tole-
ranz der jüngsten eines sein. Wer ist so sehr ein Freund
der Barbaren, dass er den Altar der Victoria nicht wieder
aufgestellt sehen möchte? Wir sind vorsichtig gegenüber
der Zukunft und meiden schlechte Vorzeichen. Wenigstens
dem Namen soll man die Ehre wieder erweisen, die der
Gottheit versagt worden ist. Vieles verdankt Eure Ewigkeit
der Victoria, und sie wird ihr noch mehr verdanken. Diese
Macht leugnen sollen die, denen sie nicht geholfen hat.
Gebt Ihr den Schutz nicht preis, der den Triumphen gewogen ist! An diese Macht wenden sich alle mit Gebeten;
niemand möge ihr daher die Verehrung verweigern, da er
doch bekennt, dass man sich ihren Segen zu Recht wünscht.
Wenn schon die Missachtung dieses Brauches nicht richtig
war, so hätte man wenigstens die Hände vom Schmuck
der Kurie lassen müssen. Verbürgt Euch doch bitte dafür,
dass wir das, was wir als Kinder bekommen haben, als
Greise unseren Nachkommen hinterlassen können. (...)
Stellen wir uns nun einmal vor, Rom trete an Euch heran
und führe mit Euch folgendes Gespräch: Edle Herrscher,
Väter des Vaterlandes, habt Ehrfurcht vor meinem Alter, in
das ich durch Beachtung der frommen Bräuche gelangt bin.
Lasst mich weiterhin die ererbten Zeremonien ausüben!
Denn ich werde es nicht zu bereuen haben. Lasst mich nach
meiner Art leben, weil ich frei bin! Dieser Kult hat die
Welt meinen Gesetzen unterworfen, diese Opfer haben
Hannibal von der Stadtmauer und die Senonen vom Kapitol
ferngehalten. Bin ich dazu am Leben geblieben, um mich

putatur; sera tamen et contumeliosa est
emendatio senectutis. Ergo diis patriis, diis
indigetibus pacem rogamus. Aequum est,
quidquid omnes colunt, unum putari.
Eadem spectamus astra, commune caelum
est, idem nos mundus involvit. Quid inter-
est, qua quisque prudentia verum requirat?
Uno itinere non potest perveniri ad tam
grande secretum. Sed haec otiosorum
disputatio est. Nunc preces, non certamina
offerimus.

Quintus Aurelius Symmachus (2. Hälfte des 4. Jh. n. Chr.),
Relatio 3.34; 9–10

Uno, inquit, itinere non potest perveniri
ad tam grande secretum. Quod vos ignoratis,
id nos Dei voce cognovimus. Et quod vos
suspicionibus quaeritis, nos ex ipsa sapientia
Dei et veritate compertum habemus. Non
congruunt igitur vestra nobiscum. Vos pacem
diis vestris ab imperatoribus obsecratis,
nos ipsis imperatoribus a Christo pacem
rogamus. Vos manuum vestrarum adoratis
opera, nos iniuriam ducimus omne, quod
fieri potest Deum putari. Non vult se Deus
in lapidibus coli. Denique etiam ipsi philo-
sophi vestri ista riserunt. (...)
Huius [Victoriae] aram strui in urbis Romae
Curia petunt, hoc est, quo plures conveniunt
christiani. Omnibus in templis arae, ara etiam in templo victoriarum. Quoniam numero
delectantur, sacrificia sua ubique concele-
brant. Quid est nisi insultare fidei unius arae
sacrificium vindicare? Ferendumne istud,

im hohen Alter tadeln lassen zu müssen? Ich werde ja sehen, welchen Wert der neue Kult hat, den man einführen zu müssen glaubt; trotzdem: es ist zu spät und zu schmachvoll, mich im Alter noch verbessern zu wollen. Also bitten wir um Frieden für die Götter unserer Väter, die Götter unseres Landes. Was auch immer die Menschen verehren: man muss doch glauben, dass es Eines ist. Wir schauen zu den selben Sternen, wir haben einen gemeinsamen Himmel, dasselbe Weltall umhüllt uns. Was liegt daran, mit welcher Philosophie jeder die Wahrheit sucht. Zu einem so großen Geheimnis kann man nicht nur auf einem Weg gelangen. Aber das ist eine akademische Diskussion. Jetzt kommen wir mit Bitten, nicht mit Streitfragen.

Widerspruch des Ambrosius: Zu einem so großen Geheimnis, sagt Symmachus, kann man nicht nur auf einem Weg gelangen. Was ihr nicht wisst, haben wird durch Gottes Wort erfahren. Und was ihr mit Vermutungen sucht, das wissen wir aus Gottes Weisheit und Wahrheit ganz genau. Eure Anschauungen stimmen mit uns also nicht überein. Ihr erfleht von den Kaisern Frieden für eure Götter, wir erbitten für die Kaiser ihrerseits von Christus Frieden. Ihr betet die Werke eurer Hände an, wir halten es für Unrecht, alles, was gemacht werden kann, für einen Gott zu halten. Gott will nicht in Steinen verehrt werden. Schließlich haben sogar eure Philosophen selber darüber gelacht.(...) Man verlangt, dass der Altar der Victoria in der Kurie der Stadt Rom aufgestellt wird, das heißt dort, wo in der Mehrzahl Christen zusammenkommen. In allen Tempeln stehen Altäre, auch im Tempel der Siege gibt es einen Altar. Weil ihnen die Zahl Freude macht, feiern sie ihre Opfer überall. Ist es nicht eine Verhöhnung des Glaubens, wenn sie das Opfer gerade auf diesem einen Altar beanspruchen? Kann man es hinnehmen, dass Heiden in Anwesenheit von Chri-

ut gentilis sacrificet et christianus intersit?
Hauriant, inquit, hauriant vel inviti fumum
oculis, symphoniam auribus, cinerem faucibus, tus naribus, et aversantium licet ora
excitata focis nostris favilla respergat. Non
illi satis sunt lavacra, non porticus, non
plateae occupatae simulacris? Etiamne in
communi illo concilio non erit communis
condicio? Obstringitur pia senatus portio
obtestantium vocibus, adiurantium sacra-
mentis? Si refutet, videbitur mendacium
prodere; si acquiescat, sacrilegium confiteri.
Ambrosius (ca. 340–397), Epist. 18, 8; 31

Lapis niger: Altehrwürdige Grabstätte

Niger lapis in Comitio locum funestum significat,
ut alii, Romuli morti destinatum, sed non usu
obvenisse, ut ibi sepeliretur, sed Faustulum nutri-
cium eius, ut alii dicunt, Hostilium avum Tulli
Hostili, Romanorum regis. *Sextus Pompeius Festus*
(2. Jh. n. Chr.), De verborum significatu 177, 32

Rostra: Ciceros Ende
*Die Rednertribüne wurde nach den Schnäbeln (rostra) der Schiffe
der Flotte von Antium benannt, die der Konsul C. Maenius im Latiner-
krieg erbeutet hatte und an der Front des Podiums anbringen ließ.–*
M. Cicero sub adventum triumvirorum
urbe cesserat, pro certo habens, id quod
erat, non magis Antonio eripi se quam

sten opfern? Sollen sie doch, sagt er, sollen sie doch auch gegen ihren Willen den Rauch mit ihren Augen, die Musik mit ihren Ohren, die Asche mit ihrem Hals und den Weihrauch mit ihrer Nase in sich aufnehmen, und die Funken, die von unseren Brandaltären entfacht werden, sollen ihnen ins Gesicht sprühen, auch wenn sie sich mit Abscheu abwenden. Genügt es ihnen nicht, dass die Bäder, die Säulenhallen und die Plätze von Götterstatuen überfüllt sind? Sollen auch in dieser gemeinsamen Versammlung nicht für alle gemeinsame Bedingungen herrschen? Soll der gläubige Teil des Senats durch die Worte, mit denen sie die Götter anrufen, und durch die Eide, die sie schwören, gebunden sein? Wenn die Christen es zurückweisen, wird es den Anschein haben, dass sie eidbrüchig sind, wenn sie beipflichten, dass sie eine Gotteslästerung eingestehen.

Unter dem schwarzen Marmorpflaster aus augusteischer Zeit, das sich auf dem Comitium befindet, hat man eine Stele mit einer archaischen Inschrift (um 600 v. Chr.) ausgegraben.
Der Schwarze Stein auf dem Comitium bezeichnet eine Grabstätte, die, wie die einen glauben, für den Tod des Romulus bestimmt war, aber es sei in Wirklichkeit nicht eingetreten, dass er dort bestattet wurde, sondern sein Pflegevater Faustulus, oder, wie andere meinen, Hostilius, der Großvater des römischen Königs Tullus Hostilius.

Der von Oktavian, Lepidus und Antonius geschlossene Bund (zweites Triumvirat, am 27. Nov. 43 v. Chr. gesetzlich sanktioniert) hatte vor allem das Ziel, die Cäsarmörder niederzuwerfen. Cicero fiel den Triumvirn wenige Tage danach (7. Dez.) zum Opfer.
Marcus Cicero hatte bei der Ankunft der Triumvirn die Stadt verlassen, da er es für gewiss hielt – was es auch war –, er könne dem Antonius ebensowenig entgehen wie Cas-

Caesari Cassium et Brutum posse; primo
in Tusculanum fugerat, inde transversis
itineribus in Formianum ut ab Caieta
navem conscensurus proficiscitur. Unde
aliquotiens in altum provectum cum modo
venti adversi rettulissent, modo ipse iac-
tationem navis caeco volvente fluctu pati
non posset, taedium tandem eum et fugae
et vitae cepit, regressusque ad superiorem
villam, quae paulo plus mille passibus
a mari abest, « moriar » inquit « in patria
saepe servata. »
Satis constat servos fortiter fideliterque pa-
ratos fuisse ad dimicandum; ipsum deponi
lecticam et quietos pati, quod sors iniqua
cogeret iussisse. Prominenti ex lectica prae-
bentique inmotam cervicem caput prae-
cisum est. Nec id satis stolidae crudelitati
militum fuit: manus quoque scripsisse aliquid in Antonium exprobrantes praeciderunt.
Ita relatum caput ad Antonium iussuque
eius inter duas manus in rostris positum,
ubi ille consul, ubi saepe consularis, ubi eo
ipso anno adversus Antonium quanta nulla
umquam humana vox cum admiratione elo-
quentiae auditus fuerat; vix attollentes
lacrimis oculos humentes intueri truncata
membra cives poterant. (...)
Vixit tres et sexaginta annos, ut, si vis
afuisset, ne inmatura quidem mors videri
possit. Ingenium et operibus et praemiis
operum felix, ipse fortunae diu prosperae;
sed in longo tenore felicitatis magnis interim ictus vulneribus, exilio, ruina partium

sius und Brutus dem Octavian; zuerst flüchtete er sich auf
sein Gut in Tusculum, von dort begab er sich auf Seitenwe-
gen zu seinem Landgut in Formiae, wie um von Gaeta aus
ein Schiff zu nehmen. Von da fuhr er auf die hohe See hinaus; als ihn widrige Winde mehrmals zurücktrieben und
er das Schwanken des Schiffs auf den dunklen wogenden
Fluten nicht mehr aushalten konnte, da überkam ihn
schließlich Überdruss an der Flucht und Lebensekel. Und
er kehrte zu seinem auf der Anhöhe gelegenen Landhaus
zurück, das wenig mehr als eine Meile vom Meer entfernt
ist, und sagte: «Ich will in meinem Vaterland, das ich oft
gerettet habe, sterben.»
Es ist hinreichend bekannt, dass Sklaven beherzt und treu
zum Kampf bereitstanden, dass er selbst aber die Sänfte
absetzen ließ und ihnen befahl, ruhig zu erdulden, wozu
ein ungerechtes Schicksal sie zwinge. Er beugte sich aus der
Sänfte und bot seinen Nacken, ohne ihn zu bewegen, und
so wurde ihm das Haupt abgeschlagen. Der törichten Grausamkeit der Soldaten genügte das noch nicht. Sie schnitten
ihm auch die Hände ab, da sie, wie sie ihm vorwarfen, etwas gegen Antonius geschrieben hatten. So wurde Ciceros
Haupt Antonius überbracht und auf seinen Befehl zwischen
den beiden Händen auf der Rednertribüne aufgestellt, dort,
wo er als Konsul, wo er oft als Konsular gegen Antonius
gesprochen hatte und in eben diesem Jahr für seine Bered-
samkeit so bewundert worden war wie nie eine andere
menschliche Stimme. Die Bürger vermochten kaum ihre
tränenfeuchten Augen zu erheben und die verstümmelten
Glieder zu betrachten. Er starb mit 63 Jahren, so dass sein
Tod, hätte es die Gewalttat nicht gegeben, nicht zu früh
erscheinen könnte. Er war ein begabter Mann, der Erfolg
hatte und dessen Leistungen anerkannt wurden, und lange
Zeit lebte er persönlich in glücklichen Umständen. In dem
lange anhaltenden Glück seines Lebens wurde er zuweilen

pro quibus steterat, filiae morte, exitu tam
tristi atque acerbo, omnium adversorum
nihil ut viro dignum erat tulit praeter mortem, quae vere aestimanti minus indigna
videri potuit, quod a victore inimico nihil
crudelius passus erat quam quod eiusdem
fortunae conpos ipse fecisset. Si quis tamen
virtutibus vitia pensarit, vir magnus ac
memorabilis fuit et in cuius laudes exequen-
das Cicerone laudatore opus fuerit.

Seneca d. Ä. (ca. 55 v. Chr. – ca. 40 n. Chr.), Suasoriae
6, 17, 1; 22

DER TRIUMPHBOGEN DES SEPTIMIUS SEVERUS

Caracalla (Imp. Caes. M. Aurelius Antoninus), einer der beiden Söhne
des Septimius Severus, ließ seinen Bruder Geta nach dem Tod des

IMP CAES LVCIO SEPTIMIO M FIL SEVERO PIO
PERTINACI AVG PATRI PATRIAE PARTHICO ARABICO
ET PARTHICO ADIABENICO PONTIFIC MAXIMO
TRIBVNIC POTEST XI IMP XI COS III PROCOS ET
IMP CAES M AVRELIO L FIL ANTONINO AVG PIO
FELICI TRIBVNIC POTEST VI COS PROCOS P P
OPTIMIS FORTISSIMISQVE PRINCIPIBVS OB
REM PVBLICAM RESTITVTAM IMPERIVMQVE
POPVLI ROMANI PROPAGATVM INSIGNIBVS
VIRTVTIBVS EORVM DOMI FORISQVE SPQR

CIL 6.1033

SATURN–TEMPEL

Der Saturn–Tempel ist eines der ältesten Heiligtümer auf dem Forum
(eingeweiht 498 v. Chr.). Zu Ehren des Gottes fanden jedes Jahr vom
17. Dezember an die Saturnalien statt, ein Fest, bei dem man sich

von Unglück schwer getroffen – von der Verbannung, dem
Untergang der Partei, deren Anhänger er war, vom Tod seiner Tochter und von einem so trostlosen und bitteren Ende.
Von all seinem Unglück ertrug er nichts, wie es eines Mannes würdig gewesen wäre, außer seinem Tod, der einem
bei ehrlichem Urteil weniger ungerecht erscheinen könnte,
weil er von seinem siegreichen Feind nichts Grausameres
erdulden musste, als was er bei gleich günstigem Geschick
selber getan hätte. Doch wenn man seine Leistungen mit
seinen Fehlern vergleicht, wird man sagen: Er war ein bedeutender und denkwürdiger Mann. Um ihn zu rühmen
bräuchte man als Lobredner einen Cicero.

Vaters ermorden. Dessen Name in der Inschrift wurde entfernt (dam-
natio memoriae); an Stelle von «P(ublio) Septimio Getae (nob)ilissimo
Caes(ari)» hieß es nun «optimis fortissimisque principibus».
Dem Kaiser Lucius Septimius Severus Pius Pertinax Augustus, Sohn des Marcus, Vater des Vaterlandes, Sieger über
das arabische und das adiabenische Parthergebiet, Oberpriester, elfmal im Besitz der tribunizischen Gewalt, elfmal
zum siegreichen Feldherrn ausgerufen, dreimal Konsul,
Prokonsul, und dem Kaiser Marcus Aurelius Antoninus
Augustus Pius Felix, Sohn des Lucius, sechsmal im Besitz
der tribunizischen Gewalt, Konsul, Prokonsul, Vater des
Vaterlandes, den besten und tapfersten Herrschern, für die
Wiederherstellung des Staates und die Ausdehnung der
Herrschaft des römischen Volkes und für ihre herausragen-
den Leistungen in der Heimat und im Ausland vom Senat
und dem römischen Volk.

kleine Geschenke machte und in einer Art Karneval sehr ausgelassen
feierte.– Im Unterbau des Tempels befand sich das Ärarium, die Schatz-
kammer des römischen Staates, die von Caesar im Jahr 49 v. Chr. ge-
plündert wurde.

Nunc de ipso dei templo pauca referenda
sunt. Tullum Hostilium cum bis de Albanis,
de Sabinis tertio triumphasset, invenio
fanum Saturno ex voto consecravisse et
Saturnalia tunc primum Romae instituta,
quamvis Varro libro sexto, qui est de sacris
aedibus, scribat aedem Saturni ad forum
faciendam locasse L. Tarquinium regem,
Titum vero Larcium dictatorem Saturnalibus
eam dedicasse. Nec me fugit Gellium
scribere senatum decresse, ut aedes Saturni
fieret, eique rei L. Furium tribunum militum praefuisse. Habet aram et ante Senaculum. Illic Graeco ritu capite aperto res divina
fit, quia primum a Pelasgis, post ab Hercule
ita eam a principio factitatam putant.
Aedem vero Saturni aerarium Romani esse
voluerunt, quod tempore, quo incoluit
Italiam, fertur nullum in eius finibus furtum
esse commissum aut quia sub illo nihil
erat cuiusquam privatum: « Nec signare
solum aut partiri limite campum / fas erat:
in medium quaerebant... » Ideo apud eum
locaretur populi pecunia communis, sub
quo fuissent cunctis universa communia.
Illud non omiserim, Tritonas cum bucinis
fastigio Saturni aedis superpositos, quoniam
ab eius commemoratione ad nostram aetatem
historia clara et quasi vocalis est, ante
vero muta et obscura et incognita, quod
testantur caudae Tritonum humi mersae et
absconditae. Cur autem Saturnus ipse in
compedibus visatur, Verrius Flaccus causam
se ignorare dicit, verum mihi Apollodori

Jetzt muss ich ein paar Dinge über den Tempel des Gottes berichten. Ich finde in den Quellen, dass Tullus Hostilius, als er zum zweitenmal über die Albaner und zum drittenmal über die Sabiner einen Triumph gefeiert hatte, dem Saturn aufgrund eines Gelübdes einen Tempel geweiht hat, und dass damals zum erstenmal in Rom Saturnalien veranstaltet wurden, obwohl Varro im sechsten Buch, das von den Tempeln handelt, schreibt, der König Lucius Tarquinius habe den Bau eines Saturntempels auf dem Forum in Auftrag gegeben, der Diktator Titus Larcius aber habe ihn an den Saturnalien eingeweiht. Und es ist mir nicht unbekannt, dass Gellius schreibt, der Senat habe beschlossen, einen Saturntempel zu errichten, und der Militärtribun Lucius Furius habe den Bau geleitet. Der Tempel hat auch vor dem Senaculum einen Altar. Dort wird der Gottesdienst in griechischer Art mit unverhülltem Haupt abgehalten, weil man annimmt, das sei zuerst von den Pelasgern, später von Herkules von Anfang an gewöhnlich so gemacht worden.

Die Römer wollten den Saturntempel als Schatzkammer haben, weil zu der Zeit, als Saturn Italien bewohnte, in seinem Gebiet kein Diebstahl begangen wurde oder weil unter seiner Herrschaft niemand Privateigentum besaß: «Und es war nicht erlaubt, ein Grundstück als sein Eigentum zu kennzeichnen oder mit einer Grenze das Feld abzuteilen». Daher sollte bei ihm das gemeinsame Vermögen des Volkes angelegt werden, da unter seiner Herrschaft alle alles gemeinsam besaßen. Ich möchte nicht unerwähnt lassen, dass auf den Giebel des Saturntempels Tritonen mit Trompeten gesetzt waren, da ja seit der Zeit, in der man sich an ihn erinnert, bis auf unser Zeitalter die Geschichte klar und sozusagen klangvoll ist, vorher aber stumm, dunkel und unbekannt, was die tief im Boden stehenden Schwänze der Tritonen bekunden. Warum man aber Saturn selber in Fußfesseln sieht, dafür wisse er den

lectio sic suggerit. Saturnum Apollodorus
alligari ait per annum laneo vinculo et solvi
ad diem sibi festum id est mense hoc Decem-
bri, atque inde proverbium ductum, deos laneos
pedes habere; significari vero decimo mense
semen in utero animatum in vitam grandescere,
quod donec erumpat in lucem, mollibus natu-
rae vinculis detinetur.

Macrobius (ca. 360 – ca. 425), Saturnalia 1,8,1

Basilica Iulia: Von Augustus vollendet

54 v. Chr. errichtete Caesar an der Stelle der 170 v. Chr. erbauten Basi-
lica Sempronia eine neue Halle, die von Augustus vollendet wurde und
Forum Iulium et basilicam, quae fuit inter aedem
Castoris et aedem Saturni, coepta profligata-
que opera a patre meo, perfeci et eandem
basilicam consumptam incendio, ampliato eius
solo, sub titulo nominis filiorum meorum
incohavi et, si vivus non perfecissem, perfici
ab heredibus meis iussi.

Augustus (63 v. Chr. – 14 n. Chr.), Res gestae 4, 12

Eine Gerichtsverhandlung in der Basilica Iulia

Sedebant centum et octoginta iudices (tot
enim quattuor consiliis colliguntur), ingens
utrimque advocatio et numerosa subsellia,
praeterea densa circumstantium corona latissi-
mum iudicium multiplici circulo ambibat. Ad
hoc stipatum tribunal, atque etiam ex superiore
basilicae parte qua feminae qua viri et audiendi,
quod difficile, et, quod facile, visendi studio
imminebant.

Plinius d. J. (61/62 – ca. 112), Epistulae 6, 33, 3

Grund nicht, sagt Valerius Flaccus, doch die Lektüre des Apollodor liefert folgende Erklärung dafür: Apollodor sagt, Saturn sei das Jahr über mit einer Wollbinde gefesselt und werde an seinem Festtag, das heißt in diesem Monat, dem Dezember, befreit, und davon sei das Sprichwort abgeleitet, die Götter hätten mit Wolle umwickelte Füße; das bedeute, dass im zehnten Monat der Same im Mutterschoß Leben gewinne und groß werde, weil er, bis er ans Licht komme, von weichen Binden der Natur festgehalten wird.

kurz danach (14 oder 9 v. Chr.) abbrannte. Den Neubau weihte Augustus 12 n. Chr. den adoptierten Enkeln Gaius und Lucius. Erneuter Brand 283, Wiederaufbau durch Diokletian.

Das Cäsarforum und die Basilica Iulia zwischen Kastor- und Saturntempel – Bauwerke, die von meinem Vater begonnen und fast vollendet worden waren – habe ich zu Ende geführt, und als dieselbe Basilica durch Feuer zerstört war, habe ich unter dem Namen meiner Söhne einen Neubau mit vergrößerter Grundfläche begonnen, und wenn ich ihn zu Lebzeiten nicht vollendet habe, soll er von meinen Erben vollendet werden.

180 Richter nahmen an der Verhandlung teil (so viele nämlich werden in den vier Richterkollegien zusammengezogen); auf beiden Seiten gab es eine ungeheure Zahl von Anwälten und zahlreiche Sitzbänke; außerdem standen die Zuschauer in einem dichtgedrängten Kreis in mehreren Reihen um das mit so vielen Personen besetzte Gericht. Auch um die Tribüne herrschte Gedränge, und sogar über die Brüstung der Galerie der Basilica lehnten sich hier Frauen, dort Männer, weil sie etwas hören, was schwierig war, und etwas sehen wollten, was leicht möglich war.

OPTIMO CLEMENTISSIMO PIISSIMOQVE PRINCIPI
DOMINO NOSTRO FOCAE IMPERATORI PERPETVO A DEO
CORONATO, TRIVMPHATORI SEMPER AVGVSTO SMARAGDVS
EX PRAEPOSITO SACRI PALATII AC PATRICIVS ET EXARCHVS
ITALIAE DEVOTVS EIVS CLEMENTIAE PRO INNVMERABILIBVS
PIETATIS EIVS BENEFICIIS ET PRO QVIETE PROCVRATA
ITALIAE AC CONSERVATA LIBERTATE HANC STATVAM
MAIESTATIS EIVS AVRI SPLENDORE FVLGENTEM HVIC
SVBLIMI COLVMNAE AD PERENNEM IPSIVS GLORIAM
IMPOSVIT AC DEDICAVIT DIE PRIMA MENSIS AVGVSTI,
INDICTIONE VNDECIMA POST CONSVLATVM PIETATIS
EIVS ANNO QVINTO.

Inschrift vom 1. August 608 [Text ergänzt], CIL 6.1200

LACUS CURTIUS

*Die trapezförmige Pflasterung erinnert an verschiedene Sagen. Nach
der einen soll Curtius Mettius, ein sabinischer Held, im Kampf zwischen Römern und Sabinern in den Sumpf geraten sein, der sich vor
der Entwässerung des Forums hier befand. Nach einer anderen soll*
Eodem anno, seu motu terrae seu qua vi alia,
forum medium ferme specu vasto conlapsum
in immensam altitudinem dicitur; neque
eam voraginem coniectu terrae, cum pro se
quisque gereret, expleri potuisse, priusquam
deum monitu quaeri coeptum quo plurimum
populus Romanus posset; id enim illi loco
dicandum vates canebant, si rem publicam
Romanam perpetuam esse vellent. Tum
M. Curtium, iuvenem bello egregium,
castigasse ferunt dubitantes an ullum
magis Romanum bonum quam arma virtus-

Auf der fast 14 Meter hohen Säule stand eine vergoldete Statue des
byzantinischen Kaisers Phocas (602 – 610). Die Säule ist das letzte im
antiken Rom errichtete öffentliche Monument.

Für den besten, mildesten und frömmsten Kaiser, unseren
Herrn Phokas, den für alle Zeit von Gott gekrönten Imperator, den immer erhabenen Triumphator, hat Smarag-
dus, ehemaliger Hofmarschall des Heiligen Palastes,
Patrizier und Exarch Italiens, Seiner Milde treu ergeben,
für die unzähligen Wohltaten Seiner Frömmigkeit und
für die friedliche Verwaltung und Bewahrung der Freiheit
Italiens diese Statue Seiner Majestät, die im Glanz des
Goldes erstrahlt, auf diese hohe Säule zu Seinem ewigen
Ruhm gesetzt und Ihm geweiht, am 1. August, in der
11. Indiktion, im 5. Jahr nach dem Konsulat Seiner Frömmigkeit.

sich ein edler Römer namens Marcus Curtius aufgrund eines Orakel-
spruchs in voller Rüstung in einen Erdschlund gestürzt haben, der sich
nach seinem Opfer wieder schloss. Eine dritte Version erzählt von
einem Konsul Gaius Curtius, der eine vom Blitz getroffene Stelle auf
Senatsbeschluss eingezäunt haben soll (445 v. Chr.).

Im selben Jahr soll durch ein Erdbeben oder irgendeine andere Gewalt das Forum etwa in der Mitte mit einem weiten
Spalt in ungeheure Tiefe eingebrochen sein. Und diesen
Abgrund habe man nicht durch Erde, die man hineinwarf,
auffüllen können – obwohl man sie mit allen zur Verfügung
stehenden Kräften herbeischaffte – bevor man auf göttliche
Ermahnung hin danach zu fragen begann, worin das römische Volk am stärksten sei: Dies nämlich, so weissagten
die Seher, müsse man diesem Ort weihen, wenn man ewige
Dauer des römischen Staates wolle. Da soll Marcus Curtius,
ein junger Mann, der sich im Krieg ausgezeichnet hatte, die
Leute zurechtgewiesen haben, die Zweifel daran hatten, ob

que esset; silentio facto templa deorum
immortalium, quae foro imminent, Capi-
toliumque intuentem et manus nunc in
caelum, nunc in patentes terrae hiatus ad
deos manes porrigentem, se devovisse; equo
deinde quam poterat maxime exornato in-
sidentem, armatum se in specum immisisse;
donaque ac fruges super eum a multitudine
virorum ac mulierum congestas lacumque
Curtium non ab antiquo illo T. Tati milite
Curtio Mettio sed ab hoc appellatum.

Livius (59 v. Chr. – 17 n. Chr.), Ab urbe condita 7, 6, 1

CASTOR –TEMPEL

Nach dem Sieg der Römer über die Latiner am Regillus-See (496
v. Chr.) sollen die Zeussöhne Castor und Pollux auf dem Forum Ro-
manum erschienen sein, ihre Pferde getränkt und den Römern den

Cum apud lacum Regillum A. Postumius
dictator et Tusculanorum dux Mamilius Octavius magnis viribus inter se concurrerent
ac neutra acies aliquamdiu pedem referret,
Castor ac Pollux Romanarum partium
propugnatores visi hostiles copias penitus
fuderunt.
Item bello Macedonico P. Vatinius Reatinae
praefecturae vir noctu urbem petens existima-
vit duos iuvenes excellentis formae albis equis
residentes obvios sibi factos nuntiare die,
qui praeterierat, Persen regem a Paulo captum. Quod cum senatui indicasset, tamquam
maiestatis eius et amplitudinis vano sermone
contemptor in carcerem coniectus, postquam
Pauli litteris illo die Persen captum apparuit,

Zentrum

es irgendein römischeres Gut gebe als Waffen und Tapferkeit. Nachdem er Schweigen geboten hatte, habe er seinen Blick auf die Tempel der unsterblichen Götter, die das Forum beherrschen, und auf das Kapitol gerichtet, die Hände bald zum Himmel, bald zu dem offenen Erdschlund ausgebreitet, den Göttern der Unterwelt entgegen, und habe sich als Opfer gelobt. Dann habe er sich auf seinem Pferd, das er, so gut er konnte, geschmückt hatte, in voller Rüstung in den Abgrund gestürzt. Viele Männer und Frauen hätten Gaben und Früchte auf ihn geworfen, und der Lacus Curtius sei nach ihm benannt worden, nicht nach Curtius Mettius, dem ehemaligen Soldaten des Titus Tatius.

Sieg verkündet haben. Wenig später (484 v. Chr.) wurde Castor vom Sieger A. Postumius ein Tempel geweiht. Die drei Säulen, die man heute noch sieht, stammen von einem Neubau, der von Tiberius und Drusus 6 n. Chr. eingeweiht wurde.

Als beim Regillus-See der Diktator Aulus Postumius und Mamilius Octavius, der Feldherr der Tusculaner, mit großer Streitmacht aufeinander trafen und eine Zeitlang keine der beiden Schlachtreihen zurückwich, da erschienen Castor und Pollux als Verteidiger auf der Seite der Römer und schlugen die feindlichen Truppen völlig aus dem Feld. Desgleichen glaubte Publius Vatinius, ein Mann aus der Kreisstadt Reate, im mazedonischen Krieg, als er nachts nach Rom fuhr, dass zwei junge Männer von ausnehmender Schönheit, die auf Schimmeln ritten, ihm in den Weg traten und verkündeten, am vergangenen Tag sei der König Perseus von Paulus gefangen genommen worden. Als er dies dem Senat meldete, wurde er, als hätte er dessen Würde und Ansehen durch leeres Gerede herabgesetzt, ins Gefängnis geworfen. Nachdem aber durch einen Brief des Paulus klar geworden war, dass Perseus an jenem Tag

et custodia liberatus et insuper agro ac vaca-
tione donatus est. Castorem vero et Pollucem etiam
illo tempore pro imperio populi Romani ex-
cubuisse cognitum est, quo ad lacum Iutur-
nae suum equorumque sudorem abluentis visi
sunt, iunctaque fonti aedis eorum nullius
hominum manu reserata patuit.

Valerius Maximus (1. Hälfte des 1. Jahrhunderts n. Chr.),
Facta et Dicta Memorabilia 1, 8, 1

Caesar–Tempel

Caesars Leiche wurde nicht wie geplant auf dem Marsfeld, sondern
in einer spontanen Aktion auf dem Forum verbrannt. Hier wurde
erst eine Säule mit der Inschrift «Parenti Patriae» (Dem Vater des
Vaterlandes), dann ein Tempel errichtet, der erste für einen vergöttlich-

Funere indicto rogus extructus est
in Martio campo iuxta Iuliae tumu-
lum et pro rostris aurata aedes ad
simulacrum templi Veneris Genetricis
collocata; intraque lectus eburneus
auro ac purpura stratus et ad caput
tropaeum cum veste, in qua fuerat
occisus.
Praeferentibus munera, quia suf-
fecturus dies non videbatur, praeceptum,
ut omisso ordine, quibus quisque vellet
itineribus urbis, portaret in Campum.
Inter ludos cantata sunt quaedam ad
miserationem et invidiam caedis eius
accommodata, ex Pacuvi Armorum
iudicio: « Men servasse, ut essent qui
me perderent? » Et ex Electra Acili ad
similem sententiam.

gefangen genommen worden war, wurde er aus der Haft entlassen und darüber hinaus mit einem Grundstück und Dienstbefreiung beschenkt. Castor und Pollux haben bekanntlich auch zu der Zeit über die Herrschaft des römischen Volkes gewacht, als sie am Brunnenbecken der Juturna erschienen, um ihren Schweiß und den Schweiß ihrer Pferde abzuwaschen, und ihr an die Quelle angrenzender Tempel geöffnet war, ohne dass ihn eine menschliche Hand aufgeschlossen hätte.

ten Herrscher (von Augustus 29 v. Chr. eingeweiht). Der Komet, der nach Caesars Bestattung erschien, galt als Zeichen, dass er unter die Götter aufgenommen war. Auf dem Giebel und über dem Haupt der Statue wurde der Komet dargestellt. Plinius schreibt, Rom sei der einzige Ort, wo ein Komet in einem Tempel verehrt werde.

Als der Begräbnistermin öffentlich bekanntgegeben worden war, wurde auf dem Marsfeld neben dem Grab der Julia ein Scheiterhaufen errichtet, und vor der Rednertribüne auf dem Forum wurde ein vergoldetes Modell des Tempels der Venus Genetrix aufgestellt; darin befand sich ein Bett aus Elfenbein mit Decken aus Gold und Purpur, und an seinem Kopfteil ein Siegesdenkmal mit dem Gewand, das er anhatte, als er ermordet wurde.

Für diejenigen, die beim Leichenzug Geschenke mittragen wollten, wurde, weil ein Tag nicht auszureichen schien, die Anordnung getroffen, dass sie jeder, ohne sich an die Reihenfolge des Leichenzugs zu halten, auf beliebigen Wegen durch die Stadt zum Marsfeld bringen sollte. Bei den Leichenspielen wurden einige Lieder vorgetragen, die auf Mitgefühl und Hass auf seine Ermordung angelegt waren, so aus der « Entscheidung über die Waffen » des Pacuvius: « Habe ich sie bewahrt, damit sie mich zugrunderichten? » und aus der « Electra » des Acilius in ähnlichem Sinn.

Laudationis loco consul Antonius per
praeconem pronuntiavit senatus consultum,
quo omnia simul ei divina atque humana de-
creverat, item ius iurandum, quo se cuncti
pro salute unius astrinxerant; quibus per-
pauca a se verba addidit.
Lectum pro rostris in forum magistratus
et honoribus functi detulerunt. Quem cum
pars in Capitolini Iovis cella cremare, pars
in curia Pompei destinaret, repente duo
quidam gladiis succincti ac bina iacula ges-
tantes ardentibus cereis succenderunt
confestimque circumstantium turba vir-
gulta arida et cum subselliis tribunalia,
quicquid praeterea ad donum aderat,
congessit. Deinde tibicines et scaenici arti-
fices vestem, quam ex triumphorum in-
strumento ad praesentem usum induerant,
detractam sibi atque discissam iniecere
flammae et veteranorum militum legionarii
arma sua, quibus exculti funus celebrabant;
matronae etiam pleraeque ornamenta
sua, quae gerebant, et liberorum bullas
atque praetextas.
In summo publico luctu exterarum gentium
multitudo circulatim suo quaeque more
lamentata est praecipueque Iudaei, qui etiam
noctibus continuis bustum frequentarunt.
Sueton (ca. 75 – ca. 150), Caesar 84, 1

Der Stern des vergöttlichten Caesar
«Ipsis ludorum meorum diebus sidus crinitum per
septem dies in regione caeli sub septemtrionibus
est conspectum. Id oriebatur circa undecimam ho-

An Stelle einer Leichenrede ließ der Konsul Antonius
durch einen Herold den Senatsbeschluss verkünden, in dem
für Caesar zugleich alle göttlichen und menschlichen Ehren
verfügt waren, desgleichen den Eid, mit dem sich alle ver-
pflichtet hatten, für das Wohl des einen Mannes einzutre-
ten. Dem fügte er nur ganz wenige Worte seinerseits hinzu.
Die Bahre trugen Beamte und ehemalige Würdenträger
auf das Forum vor die Rednertribüne. Während einige den
Beschluss fassten, ihn im Tempel des Jupiter Capitolinus,
die anderen, ihn in der Kurie des Pompeius zu verbrennen,
zündeten plötzlich zwei Unbekannte, die mit Schwertern
gegürtet waren und zwei Speere trugen, mit brennenden
Wachsfackeln die Bahre an, und sofort trug die umstehende
Menge dürres Gesträuch und die Richterstühle samt den
Bänken und alles, was sonst an Gaben für den Toten vorhanden war, zusammen. Dann zogen die Musiker und die
Schauspieler ihre Gewänder aus, die sie aus dem Kostüm-
fundus für die Triumphzüge zur Feier an diesem Tag angelegt hatten, zerrissen sie und warfen sie ins Feuer. Das gleiche machten die Veteranen seiner Legionen mit ihren Waffen, in deren Schmuck sie an der Leichenfeier teilgenom-
men hatten. Sehr viele Frauen warfen auch den Schmuck,
den sie trugen, und die Amulette und die Togen ihrer Kinder in die Flammen.
In der allgemeinen Staatstrauer veranstalteten auch viele
Ausländergemeinden reihum Trauerfeiern, jeweils nach
ihrem eigenen Brauch, vor allem die Juden, die sogar in
mehreren aufeinander folgenden Nächten die Stätte, an
der Cäsars Leiche verbrannt wurde, besuchten.

«Genau an den Tagen, an denen meine Spiele stattfanden,
konnte man sieben Tage lang am nördlichen Himmel einen
Kometen sehen. Er ging um die elfte Tagesstunde auf,

ram diei clarumque et omnibus e terris conspi-
cuum fuit. Eo sidere significari vulgus credidit
Caesaris animam inter deorum inmortalium numina receptam, quo nomine id insigne simulacro
capitis eius, quod mox in foro consecravimus,
adiectum est. »

Augustus, zitiert bei Plinius d. Ä. (23/24 – 79),
Naturalis Historia 2, 94, 2

Regia: Amtsgebäude des Pontifex Maximus

Hier residierten wohl ursprünglich die Könige. In der Republik war
die Regia der Amtssitz des Pontifex Maximus, der an diesem Gebäude
auf Tafeln die wichtigsten Ereignisse jedes Jahres veröffentlichte:
Domus enim, in qua pontifex habitat, regia dici-
tur, quod in ea rex sacrificulus habitare consuesset.

Servius (4. Jh. n. Chr.), In Vergilii Aeneidos libros 8, 363

Die Annalen des Pontifex Maximus

Ab initio rerum Romanarum usque ad P. Mucium
pontificem maximum res omnis singulorum annorum mandabat litteris pontifex maximus refere-
batque in album et proponebat tabulam domi,
potestas ut esset populo cognoscendi, eique etiam
nunc annales maximi nominantur. Hanc simili-
tudinem scribendi multi secuti sunt, qui sine ullis
ornamentis monumenta solum temporum, hominum, locorum gestarumque rerum reliquerunt.

Cicero (106 – 43 v. Chr.), De oratore 2, 52, 2

Tempel der Vesta: Einweihung des Tempels

Im Tempel der Vesta brannte das heilige Herdfeuer, von den Vestalin-
nen bewacht. Auch ein Kultbild der Pallas Athene, das Palladium, das
Rutundam aedem Vestae Numa Pompilius rex
Romanorum consecrasse videtur, quod eandem

Zentrum

war hell und in allen Ländern sichtbar. Das Volk glaubte, dieser Stern sei das Zeichen dafür, dass Caesars Seele unter die unsterblichen Götter aufgenommen worden sei. Aus diesem Grund wurde dieses Zeichen zu Häupten seiner Statue, die wir bald darauf auf dem Forum einweihten, angebracht.»

Sonnen- und Mondfinsternisse, Wunderzeichen, Kriege, Teuerungen und die Namen der Beamten. Publius Mucius Scaevola, Pontifex Maximus 130 v. Chr., redigierte die «Annales maximi» und gab sie in achtzig Büchern heraus.
Das Haus, in dem der Oberpriester wohnt, heißt Regia, weil darin der Opferkönig zu wohnen pflegte.

Vom Beginn der römischen Geschichte bis zum Oberpriester Publius Mucius zeichnete der Oberpriester alle Ereignisse jedes einzelnen Jahres schriftlich auf und trug sie auf einer weißen Tafel ein, die er in seinem Haus aufstellte, damit das Volk sie einsehen könne. Diese Dokumente heißen heute noch die Großen Jahrbücher. Einem ähnlichen Stil der Darstellung folgten viele, die ohne jeden Schmuck nur Dokumente von Jahreszahlen, Personen, Orten und Ereignissen hinterlassen haben.

über Aeneas von Troja nach Rom gekommen war, und andere Kult-gegenstände wurden hier aufbewahrt. An den Tempel schließt sich das Haus der Vestalinnen an.
Der römische König Numa Pompilius scheint der Vesta einen Rundtempel geweiht zu haben, weil er glaubte, diese

esse terram, qua vita hominum sustentaretur,
crediderit: eamque pilae formam esse, ut sui
simili templo dea coleretur.

Sextus Pompeius Festus (2. Jahrhundert n. Chr.),
De verborum significatu 262, 60

WIE EINE VESTALIN GEWÄHLT WURDE
Qui de virgine capienda scripserunt (...),
minorem quam annos sex, maiorem
quam annos decem natam negaverunt
capi fas esse; item quae non sit
patrima et matrima; item quae
lingua debili sensuve aurium
deminuta aliave qua corporis labe
insignita sit; item quae ipsa aut cuius
pater emancipatus sit, etiamsi vivo
patre in avi potestate sit; item cuius
parentes alter ambove servitutem
servierunt aut in negotiis sordidis
versantur. Sed et eam, cuius soror ad
id sacerdotium lecta est, excusationem
mereri aiunt; item cuius pater flamen
aut augur aut quindecimvirum sacris
faciundis aut septemvirum epulonum
aut Salius est. Sponsae quoque
pontificis et tubicinis sacrorum filiae
vacatio a sacerdotio isto tribui solet.
Praeterea Capito Ateius scriptum
reliquit neque eius legendam filiam,
qui domicilium in Italia non haberet,
et excusandam eius, qui liberos tres
haberet.
Virgo autem Vestalis, simul est capta
atque in atrium Vestae deducta

Göttin sei die Erde, von der das Leben der Menschen erhalten werde, und ein Ball habe diese Form, so dass die Göttin in einem Tempel, der ihr gleicht, verehrt werde.

Alle, die über die Wahl einer Vestalin geschrieben haben, behaupten, nach göttlichem Gebot dürfe keine gewählt werden, die jünger als sechs und älter als zehn Jahre sei; ferner müsse ihr Vater und ihre Mutter noch am Leben sein. Sie dürfe auch keinen Sprachfehler haben oder ein schlechtes Gehör oder irgend ein anderes körperliches Gebrechen. Ferner dürfe weder sie selbst noch ihr Vater freigelassen sein, auch wenn sie zu Lebzeiten ihres Vaters rechtlich in der Macht ihres Großvaters stehe. Weiterhin dürften ihre Eltern, einzeln oder beide, nicht Sklavendienste geleistet haben oder ein niedriges Gewerbe ausüben. Einen Entschuldigungsgrund könne aber diejenige geltend machen, heißt es, deren Schwester bereits für dieses Priesteramt ausgewählt worden ist, desgleichen eine, deren Vater ein Priester für einen bestimmten Gott oder Augur oder ein Mitglied des Fünfzehnmännerkollegiums für die Ausrichtung von Gottesdiensten oder des Siebenmännerkollegiums für die Organisation der Verpflegung an religiösen Festen oder ein Mars-Priester ist. Auch die Braut eines Priesters und die Tochter eines Trompeters bei Opferfeiern erhalte gewöhnlich eine Befreiung von diesem Priesteramt. Außerdem hat Capito Ateius die Notiz hinterlassen, dass die Tochter von jemandem, der seinen Wohnsitz nicht in Italien habe, nicht berufen werden dürfe, und die Tochter eines Vaters von drei Kindern entschuldigt werden müsse.
Sobald eine Vestalin gewählt, in das Atrium der Vesta geführt und den Priestern übergeben worden ist, in die-

et pontificibus tradita est, eo statim
tempore sine emancipatione ac sine
capitis minutione e patris potestate
exit et ius testamenti faciundi ad-
ipiscitur.

De more autem rituque capiundae virginis
litterae quidem antiquiores non extant,
nisi, quae capta prima est, a Numa
rege esse captam. Sed Papiam legem
invenimus, qua cavetur, ut pontificis
maximi arbitratu virgines e populo viginti
legantur sortitioque in contione ex eo
numero fiat et, cuius virginis ducta erit,
ut eam pontifex maximus capiat eaque
Vestae fiat. Sed ea sortitio ex lege Papia
non necessaria nunc videri solet. Nam si
quis honesto loco natus adeat pontificem
maximum atque offerat ad sacerdotium
filiam suam, cuius dumtaxat salvis
religionum observationibus ratio haberi
possit, gratia Papiae legis per senatum fit.
«Capi» autem virgo propterea dici videtur,
quia pontificis maximi manu prensa ab
eo parente, in cuius potestate est, veluti
bello capta abducitur. In libro primo Fabii
Pictoris, quae verba pontificem maximum
dicere oporteat, cum virginem capiat,
scriptum est. Ea verba haec sunt: «Sacerdotem Vestalem, quae sacra faciat, quae ius
siet sacerdotem Vestalem facere pro populo
Romano Quiritibus, uti quae optima
lege fuit, ita te, Amata, capio.» (...)
Praeterea in commentariis Labeonis, quae
ad duodecim tabulas composuit, ita scriptum

sem Augenblick verlässt sie sofort, ohne in förmlicher
Weise mündig gesprochen zu werden und ohne Minderung
ihrer Rechtsfähigkeit, die rechtliche Gewalt des Vaters
über sie und erhält das Recht, frei über ihr Vermögen zu
verfügen.

Über die Art und Weise und den Ritus bei der Wahl einer
Jungfrau gibt es keine älteren Schriften außer darüber, dass
die erste, die gewählt wurde, von König Numa gewählt
wurde. Wir finden jedoch das von Papius eingebrachte Gesetz, in dem verfügt wird, dass nach Entscheidung des
Oberpriesters zwanzig Jungfrauen aus dem Volk gewählt
werden sollen und dass die Auslosung in der Volksversammlung aus dieser Zahl erfolgen soll und dass der Oberpriester diejenige, deren Los gezogen worden ist, « ergreifen » und der Vesta überantworten soll. Aber diese Auslosung aufgrund des papischen Gesetzes pflegt heute, wie
es scheint, nicht mehr nötig zu sein. Denn wenn jemand
aus höherem Stand sich an den Oberpriester wendet und
seine Tochter für das Priesteramt anbietet, dessen Antrag
berücksichtigt werden kann, sofern die religiösen Vor-
schriften genau beachtet werden, so geschieht dies unter
Freistellung von dem papischen Gesetz durch den Senat.
Man scheint deswegen zu sagen, die Jungfrau werde « ergriffen », weil sie von der Hand des Oberpriesters ergriffen
von dem Vater, in dessen Gewalt sie ist, wie eine Kriegsge-
fangene weggeführt wird. Im ersten Buch des Fabius Pictor
steht, welche Worte der Oberpriester sprechen muss, wenn
er das Mädchen ergreift. Die Worte lauten: « Als Priesterin
der Vesta, die die religiöse Dienste ausüben soll, die sie
als Vestapriesterin rechtmäßig für das römische Volk, die
Quiriten, vollziehen soll wie eine, die alle rechtlichen Vor-
aussetzungen erfüllt hat, so ergreife ich dich, Amata. »
Außerdem steht in den Kommentaren Labeos, die er zu
den Zwölftafeln verfasste: « Eine Vestalische Jungfrau kann

est: «Virgo Vestalis neque heres est cuiquam intestato, neque intestatae quisquam, sed bona eius in publicum redigi aiunt. Id quo iure fiat, quaeritur.»

«Amata» inter capiendum a pontifice maximo appellatur, quoniam, quae prima capta est, hoc fuisse nomen traditum est.

Gellius (ca. 130 – ca. 180), Noctes Atticae 1, 12

EINE UNZÜCHTIGE VESTALIN WIRD LEBENDIG BEGRABEN

Nam cum [Domitianus] Corneliam
Vestalium maximam defodere vivam
concupisset, ut qui inlustrari saeculum
suum eiusmodi exemplis arbitraretur,
pontificis maximi iure, seu potius
immanitate tyranni, licentia domini,
reliquos pontifices non in Regiam sed
in Albanam villam convocavit.
Nec minore scelere quam, quod ulcisci
videbatur, absentem inauditamque damna-
vit incesti, cum ipse fratris filiam incesto
non polluisset solum, verum etiam
occidisset; nam vidua abortu periit.
Missi statim pontifices, qui defodiendam
necandamque curarent. Illa nunc ad Vestam,
nunc ad ceteros deos manus tendens multa,
sed hoc frequentissime clamitabat: «Me
Caesar incestam putat, qua sacra faciente
vicit triumphavit.»
Blandiens haec an inridens, ex fiducia sui
an ex contemptu principis dixerit, dubium
est. Dixit donec ad supplicium, nescio an innocens, certe tamquam innocens ducta est.

keinen beerben, der ohne Testament gestorben ist, noch
kann jemand sie beerben, wenn sie kein Testament gemacht, sondern in diesem Fall fällt ihr Hab und Gut, wie
es heißt, an den Staat. Nach welchem Recht dies geschieht,
ist eine wissenschaftliche Frage.»

«Amata» wird sie, während der Oberpriester sie ergreift,
genannt, weil die erste, die «ergriffen» wurde, so geheißen
haben soll.

Domitian wünschte, dass Cornelia, die oberste Vestalin,
lebendig begraben werde – er glaubte, durch derartige Bei-
spiele werde auf seine Regierungszeit ein besonders strah-
lendes Licht fallen. So berief er mit dem Recht des Oberpriesters oder vielmehr mit der Unmenschlichkeit des
Tyrannen, der Willkür eines Despoten, die übrigen Priester nicht in die Regia, sondern in sein Landhaus in Alba.
Und dass er Cornelia in Abwesenheit und ohne Anhörung
wegen Unzucht verurteilte, war kein geringeres Verbrechen
als das, welches er zu bestrafen vorgeben wollte, obwohl
er selber die Tochter seines Bruders nicht nur durch Inzest
entehrt, sondern auch umgebracht hatte; die verwitwete
Frau starb nämlich an einer Abtreibung.
Sofort wurden die Priester ausgesandt, die sie vergraben
und töten lassen sollten. Sie erhob ihre Hände bald zu
Vesta, bald zu den übrigen Göttern und schrie alles mög-
liche heraus, immer wieder aber folgendes: «Der Kaiser
hält mich für unzüchtig, mich, durch deren Opfer er gesiegt und triumphiert hat!»
Ob sie das um zu schmeicheln oder zum Hohn, ob aus
Selbstsicherheit oder aus Verachtung für den Kaiser sagte,
weiß man nicht. Sie rief es aus, bis sie, vielleicht unschul-
dig, auf jeden Fall aber wie eine Unschuldige aussehend,

Quin etiam cum in illud subterraneum de-
mitteretur, haesissetque descendenti stola,
vertit se ac recollegit, cumque ei manum
carnifex daret, aversata est et resiluit foedum-
que contactum quasi plane a casto puroque
corpore novissima sanctitate reiecit.

Plinius d. J. (61/62 – ca 112), Epistulae 4, 11, 5

Tempel des Antoninus Pius und der Faustina

DIVO ANTONINO ET
DIVAE FAVSTINAE EX S C

CIL 6.1005

Titusbogen

SENATVS POPVLVSQVE ROMANVS DIVO TITO
DIVI VESPASIANI F VESPASIANO AVGVSTO

CIL 6.945

Das Forum zu Beginn der Neuzeit

Forum iure dicundo, ferendis legibus, plebe
ad contionem advocanda celeberrimum
urbis locum, et iuxta Comitium creandis
magistratibus insigne, deserta squalent
malignitate fortunae, alterum porcorum
bubalorumque diversorium, alterum
serendis oleribus cultum.

Poggio Bracciolini (1380–1459), De varietate Fortunae

zur Hinrichtung geführt wurde. Ja, als sie in das unterirdische Gemach hinuntergeführt wurde und ihre Stola beim Hinabsteigen hängenblieb, da drehte sie sich um und raffte sie zusammen, und als ihr der Henker die Hand geben wollte, wandte sie sich ab und wich zurück und wies die schmähliche Berührung, als sei ihr Körper völlig keusch und rein, mit höchster Züchtigkeit von sich.

Kaiser Antoninus Pius (138 – 161) weihte den Tempel 141 n. Chr. seiner im selben Jahr verstorbenen Frau Faustina. Nach seinem Tod wurde der Tempel auch ihm geweiht. Im 17. Jh. wurde in die gut erhaltene Cella die Kirche San Lorenzo in Miranda eingebaut.
Dem vergöttlichten Antoninus und der vergöttlichten Faustina aufgrund eines Senatsbeschlusses.

Zum Andenken an den Sieg über die Juden (71 n. Chr.) errichtet nach Titus' Tod, also nach 81, von seinem Bruder Domitian.
Der Senat und das römische Volk für den vergöttlichten Titus Vespasianus Augustus, den Sohn des vergöttlichten Vespasian.

Das Forum, das durch die Rechtsprechung, durch die Beantragung von Gesetzen und durch die Einberufung des Volkes zur Volksversammlung der belebteste Ort der Stadt war, und das Comitium daneben, das durch die Wahl der Beamten besondere Bedeutung hatte, liegen verlassen und öde da aufgrund des missgünstigen Schicksals: das eine ein Schlupfwinkel für Schweine und Ochsen, das andere bestellt für Gemüsepflanzungen.

Kaiserforen

Augustusforum

[Augustus] publica opera plurima extruxit,
e quibus vel praecipua, forum cum aede
Martis Ultoris, templum Apollinis in Palatio,
aedem Tonantis Iovis in Capitolio. Fori ex-
truendi causa fuit hominum et iudiciorum
multitudo, quae videbatur non sufficient-
ibus duobus etiam tertio indigere; itaque
festinatius necdum perfecta Martis aede
publicatum est cautumque, ut separatim
in eo publica iudicia et sortitiones iudicum
fierent. Aedem Martis bello Philippensi
pro ultione paterna suscepto voverat;
sanxit ergo, ut de bellis triumphisque hic
consuleretur senatus, provincias cum imperio petituri hinc deducerentur, quique
victores redissent, huc insignia triumphorum conferrent.

Sueton (ca. 75 – ca. 150), Augustus 29

Trajansforum

Inter divos relatus est solusque omnium
intra urbem sepultus est. Ossa conlata in
urnam auream in Foro, quod aedificavit,
sub columna posita sunt.

Eutropius (4. Jh. n. Chr.), Breviarium ab urbe condita 8.5

Am Ende der Republik reichte das alte Forum als Repräsentationszen-
trum der Stadt nicht mehr aus. Caesars neues Forum wurde 46 v. Chr.
eingeweiht. Augustus, Domitian und Trajan errichteten weitere Foren.

Vor der Schlacht von Philippi (42 v. Chr.) gelobte Oktavian den Bau ei-
nes Forums mit dem Tempel des Mars Ultor (des Rächers Mars).
Augustus ließ sehr viele öffentliche Gebäude errichten; die
wichtigsten sind wohl: Das Forum mit dem Tempel des Mars
Ultor, der Apollo-Tempel auf dem Palatin, das Heiligtum
des Jupiter Tonans auf dem Kapitol. Grund für die Anlage
des Forums war die große Einwohnerzahl und die Zahl der
Gerichtsverhandlungen, die, weil die beiden alten Foren
nicht ausreichten, ein drittes zu erfordern schienen. Daher
wurde es in größter Eile, obwohl der Marstempel noch nicht
vollendet war, der Öffentlichkeit übergeben und sicher-
gestellt, dass dort insbesondere die öffentlichen Gerichtsverhandlungen und die Auslosungen der Richter getrennt stattfinden sollten. Den Marstempel hatte er, nach Beginn des
Krieges von Philippi zur Rache für seinen Vater, gelobt;
er verfügte daher, dass der Senat hier über Kriege und Triumphe befragt werde; dass alle, die als Oberfeldherren in
ihre Provinzen zogen, von hier aus das Ehrengeleit erhalten
und dass die siegreichen Feldherren bei ihrer Rückkehr die
Ehrenzeichen ihrer Triumphe hierher bringen sollten.

Zwischen 107 und 113 errichtete Trajan das prachtvollste der Kaiser-
foren, zu dem u. a. eine Basilica, zwei Bibliotheken und eine Säule
gehörten, in der Trajans Asche aufbewahrt werden sollte.
Er wurde zu den unter die Göttern Aufgenommen gezählt
und als einziger von allen innerhalb der Stadt begraben.
Seine in einer goldenen Urne verwahrten Gebeine wurden
auf dem von ihm angelegten Forum im Fuß einer Säule
beigesetzt.

SENATVS POPVLVSQVE ROMANVS IMP CAESARI DIVI
NERVAE F NERVAE TRAIANO AVG GERM DACICO PONTIF
MAXIMO TRIB POT XVII IMP VI COS VI P P AD
DECLARANDVM QVANTAE ALTITVDINIS MONS ET
LOCVS TAN[TIS OPE]RIBVS SIT EGESTVS
CIL 6.960

Kolosseum und Konstantinsbogen

Der Brand im Jahr 64

Sequitur clades, forte an dolo principis
incertum (nam utrumque auctores pro-
didere), sed omnibus, quae huic urbi per
violentiam ignium acciderunt, gravior
atque atrocior.
Initium in ea parte circi ortum, quae
Palatino Caelioque montibus con-
tigua est, ubi per tabernas, quibus id
mercimonium inerat, quo flamma
alitur, simul coeptus ignis et statim validus
ac vento citus longitudinem circi corripuit.
Neque enim domus munimentis saeptae
vel templa muris cincta aut quid aliud
morae interiacebat. Impetu pervagatum
incendium plana primum, deinde in edita
adsurgens et rursus inferiora populando,
anteiit remedia velocitate mali et obnoxia
urbe artis itineribus hucque et illuc flexis

Der Senat und das römische Volk [haben diese Säule] für den Kaiser Nerva Traianus Augustus, den Sohn des vergöttlichten Nerva, Sieger über die Germanen und Daker, Oberpriester, siebzehnmal im Besitz der tribunizischen Gewalt, sechsmal zum siegreichen Feldherrn ausgerufen, sechsmal Konsul, Vater des Vaterlandes, [errichtet], um zu zeigen, was für ein hohes Hügelgelände für dieses gewaltige Bauwerk abgetragen werden musste.

Das Kolosseum wurde an der Stelle eines Teiches errichtet, der zum Park des Goldenen Hauses gehörte, das Nero sich nach dem großen Stadtbrand im Jahr 64 bauen ließ.

Es folgt ein Unglück, bei dem es unsicher ist, ob es zufällig oder durch Heimtücke des Kaisers entstand (denn beides überliefern die Quellen), das schwerer und schrecklicher war als alles, was dieser Stadt jemals von der Gewalt des Feuers widerfahren ist.
Es begann auf der Seite des Zirkus, die an den Palatin und den Caelius grenzt, wo das Feuer in den Geschäften, in denen sich brennbare Waren befanden, zugleich ausbrach und sofort Gewalt annahm und vom Wind in Bewegung gesetzt die ganze Länge des Zirkus ergriff. Es lagen ja keine mit Brandmauern geschützten Häuser oder von Mauern umgebene Tempel oder irgendein anderes Hindernis dazwischen. In Sturmesgeschwindigkeit verbreitete sich das Feuer zuerst in der Ebene, dann stieg es auf die Höhen, verheerte dann wieder die tiefer liegenden Stadtteile und kam den Abwehrmaßnahmen zuvor durch die Schnelligkeit, mit der es seinen Schaden anrichtete, und da die Stadt ihm preisgegeben war aufgrund der engen und in vielen Win-

atque enormibus vicis, qualis vetus Roma
fuit. (...)
Nec quisquam defendere audebat, crebris
multorum minis restinguere prohibentium,
et quia alii palam faces iaciebant atque esse
sibi auctorem vociferabantur, sive ut raptus
licentius exercerent seu iussu.
Eo in tempore Nero Antii agens non ante in
urbem regressus est, quam domui eius, qua
Palatium et Maecenatis hortos continuaverat,
ignis propinquaret. Neque tamen sisti potuit,
quin et Palatium et domus et cuncta circum
haurirentur. Sed solacium populo exturbato
ac profugo campum Martis ac monumenta
Agrippae, hortos quin etiam suos patefecit et
subitaria aedificia extruxit, quae multitudinem
inopem acciperent; subvectaque utensilia ab
Ostia et propinquis municipiis pretiumque
frumenti minutum usque ad ternos nummos.
Quae quamquam popularia in inritum cade-
bant, quia pervaserat rumor ipso tempore fla-
grantis urbis inisse eum domesticam scaenam
et cecinisse Troianum excidium, praesentia
mala vetustis cladibus adsimulantem. (...)
Ceterum Nero usus est patriae ruinis ex-
struxitque domum, in qua haud proinde gem-
mae et aurum miraculo essent, solita pridem
et luxu vulgata, quam arva et stagna et in modum solitudinum hinc silvae inde aperta spatia
et prospectus, magistris et machinatoribus
Severo et Celere, quibus ingenium et audacia
erat etiam, quae natura denegavisset, per
artem temptare et viribus principis inludere.
Tacitus (ca. 55 – ca 117/120), Annales 15,38

dungen verlaufenden Straßen und der unregelmäßigen
Gassen, wie eben das alte Rom war. (…)
Und niemand wagte dem Feuer Widerstand entgegen-
zusetzen, da viele die Menschen unter Drohungen am Lö-
schen hinderten und weil andere vor aller Augen Fackeln
schleuderten und schrien, sie hätten einen Auftrag dazu,
sei es um in größerer Freiheit plündern zu können, sei
es, weil sie tatsächlich auf Befehl handelten.
Nero hielt sich damals in Antium auf und kehrte erst in
die Stadt zurück, als sich das Feuer seinem Palast näherte,
mit dem er die Kaiserresidenz und die Gärten des Maecenas
verbunden hatte. Doch konnte man es nicht aufhalten, die
Residenz und den Palast und alles ringsum zu verschlingen.
Aber zum Trost für das obdachlose Volk ließ er das Marsfeld und die von Agrippa errichteten Gebäude, ja sogar seinen eigenen Park öffnen und Baracken aufstellen, die die
notleidende Menge aufnehmen sollten. Von Ostia und den
nahen Städten wurden Lebensmittel herangeschafft, und
der Getreidepreis wurde auf drei Sesterzen heruntergesetzt.
Doch diese volksfreundlichen Maßnahmen gingen ins
Leere, weil sich das Gerücht verbreitet hatte, Nero habe
genau zur Zeit des Stadtbrandes die Bühne in seinem Palast
betreten und den Untergang Tojas besungen, wobei er das
gegenwärtige Unglück mit dem alten verglich. (…)
Nero machte sich im übrigen die Verwüstung seiner Vaterstadt zunutze und errichtete einen Palast, in dem nicht so
sehr Edelsteine und Gold Bewunderung erregen sollten,
längst übliche und aufgrund des luxuriösen Lebensstils allgemein verbreitete Materialien, als vielmehr Felder und
Teiche, dort Wälder, hier offene Räume und Durchblicke
wie in einer weiten Landschaft. Leiter und Ingenieure
waren Severus und Celer, die die Phantasie und die Kühn-
heit hatten, das, was die Natur verweigerte, künstlich herzustellen und so die Mittel des Kaisers durchzubringen.

Neros Goldenes Haus

Non in alia re tamen damnosior quam in
aedificando domum a Palatio Esquilias
usque fecit, quam primo transitoriam,
mox incendio absumptam restitutamque
auream nominavit. De cuius spatio atque
cultu suffecerit haec rettulisse. Vestibulum
eius fuit, in quo colossus CXX pedum
staret ipsius effigie; tanta laxitas, ut porticus
triplices miliarias haberet; item stagnum
maris instar, circumsaeptum aedificiis ad
urbium speciem; rura insuper, arvis atque
vinetis et pascuis silvisque varia, cum
multitudine omnis generis pecudum ac
ferarum. In ceteris partibus cuncta auro
lita, distincta gemmis unionumque conchis
erant; cenationes laqueatae tabulis eburneis
versatilibus, ut flores, fistulatis, ut unguenta
desuper spargerentur; praecipua cenatio-
num rotunda, quae perpetuo diebus ac
noctibus vice mundi circumageretur; balineae
marinis et albulis fluentes aquis.
Eius modi domum cum absolutam dedicaret,
hactenus comprobavit, ut se diceret quasi
hominem tandem habitare coepisse.

Sueton (ca. 75 – ca. 150), Nero 31

Spott über Neros Palast

Roma domus fiet: Veios migrate, Quirites,
  si non et Veios occupat ista domus.

Sueton (ca. 75 – ca. 150), Nero 39

Zentrum

Auf keinem Gebiet war er [Nero] verschwenderischer als beim Bauen. Er ließ sich einen Palast vom Palatin bis zum Esquilin errichten, den er zuerst «Durchgangshaus», nach der Zerstörung durch Feuer und der Wiederherstellung «Goldenes Haus» nannte. Von seinen Ausmaßen und seiner Ausstattung soll es genügen, folgendes zu berichten: Es gab einen Vorplatz, auf dem eine 36 Meter hohe Kolossalstatue stand, die ihn selbst darstellte. Die Anlage war so ausgedehnt, dass sie eine Halle mit drei Säulenreihen von eineinhalb Kilometer Länge besaß, ferner einen künstlichen See, der wie ein Meer war und mit Gebäuden umgeben war, die wie Städte aussahen. Dazu eine Landschaft, in der sich Felder mit Weinbergen, Weiden und Wäldern abwechselten, mit vielen zahmen und wilden Tieren jeder Art. Sonst war alles vergoldet und mit Edelsteinen und Perlmutt geschmückt. Die Speisesäle hatten Decken aus Elfenbeinplatten: drehbare, so dass man Blumen von oben verstreuen, und mit Röhrchen versehene, so dass man Parfüm versprengen konnte. Der Hauptspeisesaal war rund, und seine Decke drehte sich Tag und Nacht ununterbrochen wie das Weltall im Kreis. In den Bädern floss Meer- und Schwefelwasser.
Als er das Haus nach der Fertigstellung einweihte, zeigte er seine Zufriedenheit nur so weit, dass er sagte, er könne jetzt endlich anfangen, wie ein Mensch zu wohnen.

Rom wird ein einziges Haus: Nun wandert nach Veji, Quiriten, wenn dieses Haus nicht auch Veji nimmt ganz in Beschlag!

Dem Volk von Rom geschenkt

Hic, ubi sidereus propius videt astra colossus
   et crescunt media pegmata celsa via,
invidiosa feri radiabant atria regis
   unaque iam tota stabat in urbe domus.
Hic, ubi conspicui venerabilis Amphitheatri
   erigitur moles, stagna Neronis erant.
Hic, ubi miramur velocia munera thermas,
   abstulerat miseris tecta superbus ager.
Claudia diffusas ubi porticus explicat umbras,
   ultima pars aulae deficientis erat.
Reddita Roma sibi est et sunt te praeside, Caesar,
   deliciae populi, quae fuerant domini.

Martial (ca. 40– ca.103), Liber spectaculorum 2

Die Finanzierung des Amphitheaters

I[mp(erator)] Caes(ar) Vespasi[anus Aug(ustus)] amphi-
theatru[m novum(?)] [ex] manubis [fieri iussit(?)].

Der Name «Kolosseum»

*Der Name Kolosseum für das «Amphitheatrum Flavium» (Amphithea-
ter der Flavierkaiser Vespasian und Titus), erstmals im 8. Jh. erwähnt,*
[Hadrianus] transtulit et Colossum stantem at-
que suspensum per Decrianum architectum de
eo loco, in quo nunc Templum Urbis est, ingenti
molimine, ita ut operi etiam elephantos viginti
quattuor exhiberet. Et cum hoc simulacrum
post Neronis vultum deletum, cui antea dicatum
fuerat, Soli consecrasset, aliud tale Apollodoro
architecto auctore facere Lunae molitus est.

Historia Augusta (4./5. Jahrhundert), Hadrian 19,12

Vespasian und Titus gaben das Gebiet von Neros Palast dem Volk zu-
rück: Sie bauten eine Arena und eine Thermenanlage.

Hier, wo der Sonnen-Koloss die Gestirne näher betrachtet
    und nun mitten am Weg wachsen Gerüste empor,
prangten des grausamen Fürsten Nero abscheuliche Hallen
    und es gab in der Stadt nur noch dies einzige Haus.
Hier, wo ehrfurchtgebietend des prächtigen Amphitheaters
    steinerner Bau sich erhebt, da war der künstliche Teich.
Hier, wo die rasch erbauten Thermen uns staunen lassen,
    hat des Tyrannen Park Armen die Häuser geraubt.
Wo die Claudische Halle weithin den Schatten verbreitet,
    war der äußerste Teil, endete Neros Palast.
Rom ist sich wiedergeschenkt, und unter deiner Regierung,
    Kaiser, vergnügt sich das Volk – vorher allein der Despot.

Eine aus Dübellöchern rekonstruierte Inschrift belegt, dass der Bau mit
den in Jerusalem erbeuteten Schätzen finanziert wurde.

Kaiser Vespasian hat das neue Amphitheater aus dem Erlös
der Beute errichten lassen.

kommt von der Kolossalstatue Neros, die ursprünglich im Atrium des
Goldenen Hauses stand und von Hadrian vor das Amphitheater ver-
setzt wurde. Die Fundamente sind noch sichtbar.

Hadrian ließ durch seinen Architekten Decrianus auch den
Koloss vertikal schwebend von der Stelle versetzen, an der
nun der Tempel der Stadt Rom steht. Das war ein so gigan-
tisches Unternehmen, dass er dafür sogar vierundzwanzig
Elefanten einsetzen musste.
Und als er die Statue nach Beseitigung der Gesichtszüge
Neros, dem sie vorher geweiht war, dem Sonnengott gehei-
ligt hatte, plante er nach dem Vorschlag seines Architekten
Apollodor, ein Gegenstück für die Mondgöttin zu schaffen.

[Alypius] non sane relinquens incantatam
sibi a parentibus terrenam viam Romam
praecesserat, ut ius disceret, et ibi gladiatorii
spectaculi hiatu incredibili et incredibiliter
abreptus est.

Cum enim aversaretur et detestaretur talia,
quidam eius amici et condiscipuli, cum
forte de prandio redeuntibus per viam esset,
recusantem vehementer et resistentem
familiari violentia duxerunt in Amphitheatrum crudelium et funestorum ludorum
diebus haec dicentem: «Si corpus meum
in locum illum trahitis et ibi constituitis,
numquid et animum et oculos meos in illa
spectacula potestis intendere? Adero itaque
absens ac sic et vos et illa superabo.» Quibus
auditis illi nihilo setius eum adduxerunt
secum, id ipsum forte explorare cupientes,
utrum posset efficere.

Quo ubi ventum est et sedibus quibus
potuerunt locati sunt, fervebant omnia in-
manissimis voluptatibus. Ille clausis foribus
oculorum interdixit animo, ne in tanta
mala procederet. Atque utinam et aures
opturasset! Nam quodam pugnae casu, cum
clamor ingens totius populi vehementer
eum pulsasset, curiositate victus et quasi
paratus, quidquid illud esset, etiam visum
contemnere et vincere, aperuit oculos et
percussus est graviore vulnere in anima
quam ille in corpore, quem cernere
concupivit, ceciditque miserabilius quam
ille, quo cadente factus est clamor: qui

Ohne den weltlichen Lebensweg zu verlassen, von dem seine Eltern ihm vorgeschwärmt hatten, war Alypius nach Rom vorausgegangen, um Rechtswissenschaft zu studieren, und dort ließ er sich von einer unglaublichen Leidenschaft für Gladiatorenkämpfe unglaublich hinreißen. Denn obwohl er solche Dinge ablehnte, ja verabscheute, zogen ihn einige seiner Freunde und Mitstudenten, als er ihnen – sie kamen gerade vom Mittagessen – zufällig begegnete, trotz seiner entschiedenen Weigerung und heftigem Widerstand mit freundschaftlicher Gewalt an einem der Tage, an denen grausame und blutige Spiele veranstaltet wurden, ins Amphitheater. Er sagte: «Wenn ihr meinen Körper an diesen Ort schleppen und dort hinstellen könnt, so könnt ihr doch nicht meinen Geist und meine Augen auf die Spiele lenken. Ich werde also anwesend und doch abwesend sein, und auf diese Weise werde ich über euch und die Spiele Sieger sein.» Sie hörten zwar seine Worte, aber sie nahmen ihn dennoch mit, vielleicht gerade, weil sie herausfinden wollten, ob er das schaffen könne.

Als sie ins Kolosseum gekommen waren und sich auf möglichst gute Plätze gesetzt hatten, tobte alles in tierischer Lust. Er schloss die Pforten seiner Augen und verbot seinem Geist, soweit in der Verderbnis zu gehen. Hätte er doch auch seine Ohren verstopft! Denn als bei irgendeinem Vorfall während des Kampfes das gewaltige Geschrei der Zuschauer ihn umbrandete, ließ er sich von seiner Neugier überwältigen, und wie wenn er es in der Hand hätte, dem Anblick – worum auch immer es sich handeln mochte – zu trotzen und Herr über sich zu bleiben, öffnete er die Augen, und er wurde in seiner Seele schwerer verwundet als der Gladiator, den er sehen wollte, an seinem Körper, und er ging elender zu Boden als jener, bei dessen Fall sich das Geschrei erhoben hatte. Das drang durch seine Ohren

per eius aures intravit et reseravit eius
lumina, ut esset, qua feriretur et deiceretur
audax adhuc potius quam fortis animus
et eo infirmior, quo de se praesumpserat,
qui debuit de te.
Ut enim vidit illum sanguinem, im-
manitatem simul ebibit et non se avertit,
sed fixit aspectum et hauriebat furias et
nesciebat et delectabatur scelere certaminis
et cruenta voluptate inebriabatur. Et non
erat iam ille, qui venerat, sed unus de
turba, ad quam venerat, et verus eorum
socius, a quibus adductus erat. Quid plura?
Spectavit, clamavit, exarsit, abstulit inde
secum insaniam, qua stimularetur redire
non tantum cum illis, a quibus prius
abstractus est, sed etiam prae illis et alios
trahens.

Augustinus (354–430), Confessiones 6,8

Seneca verurteilt die Gladiatorenspiele

Casu in meridianum spectaculum incidi,
lusus exspectans et sales et aliquid laxamen-
ti, quo hominum oculi ab humano cruore
adquiescant. Contra est: quidquid ante pug-
natum est, misericordia fuit; nunc omissis
nugis mera homicidia sunt. Nihil habent,
quo tegantur; ad ictum totis corporibus
expositi numquam frustra manum mittunt.
Hoc plerique ordinariis paribus et postulaticiis

ein und öffnete seine Augen, so dass es eine Stelle gab, an der sein Geist getroffen und zu Boden geworfen wurde, sein Geist, der bis dahin eher tollkühn als kraftvoll war und um so schwächer, als er von sich etwas erwartet hatte, während er es doch von Dir hätte erwarten müssen.

Sobald er nämlich das Blut sah, trank er zugleich Unmenschlichkeit in sich hinein, und er wandte sich nicht ab, sondern heftete seinen Blick darauf, und er saugte wahnsinnige Leidenschaften in sich auf und wusste es nicht und genoss den verbrecherischen Kampf und berauschte sich an der Lust des Blutvergießens. Und er war nicht mehr der, der gekommen war, sondern einer aus der Menge, zu der er gekommen war, und er war ein wahrer Verbündeter derer, die ihn hergebracht hatten. Kurzum: Er schaute zu, schrie, wurde vom Feuer der Leidenschaft ergriffen und nahm den Wahnsinn von dort mit sich fort, von dem er angetrieben wurde, nicht nur mit denen wieder hinzugehen, die ihn vorher ins Schlepptau genommen hatten, sondern sogar an ihrer Spitze und andere mit sich ziehend.

Zur Zeit Senecas (gest. 65 n. Chr.) gab es das Kolosseum noch nicht; die Gladiatorenspiele wurden, nachdem das steinerne Amphitheater des Statilius Taurus abgebrannt war, in Arenen mit hölzernen Zuschauerrängen veranstaltet.
Zufällig geriet ich in eine Mittagsvorstellung. Ich erwartete heitere Spiele, Scherze und ein bisschen Entspannung, durch die sich die Leute, die gerade Menschenblut gesehen hatten, wieder beruhigen konnten. Das Gegenteil trat ein: Alle vorigen Kämpfe waren die reine Barmherzigkeit. Jetzt macht man keine Flausen mehr, jetzt gibt es nackten Mord. Sie haben keinen Schutz, mit dem ganzen Körper den Hieben ausgesetzt stoßen sie niemals vergeblich zu. Das wollen die meisten lieber als die normalen, kunstgerecht kämpfen-

praeferunt. Quidni praeferant? Non galea,
non scuto repellitur ferrum. Quo munimenta?
Quo artes? Omnia ista mortis morae sunt.
Mane leonibus et ursis homines, meridie
spectatoribus suis obiciuntur. Interfector-
es interfecturis iubent obici et victorem
in aliam detinent caedem; exitus pugnan-
tium mors est. Ferro et igne res geritur.
Haec fiunt, dum vacat harena. «Sed latro-
cinium fecit aliquis, occidit hominem.»
Quid ergo? Quia occidit, ille meruit, ut hoc
pateretur: tu quid meruisti miser, ut hoc
spectes? «Occide, verbera, ure! Quare tam
timide incurrit in ferrum? Quare parum
audacter occidit? Quare parum libenter
moritur? Plagis agatur in vulnera, mutuos
ictus nudis et obviis pectoribus excipiant.»
Intermissum est spectaculum: «Interim
iugulentur homines, ne nihil agatur.»
Seneca (ca. 4 v. Chr. – 65 n. Chr.), Epistulae morales 7,2

VERBOT DER SPIELE FÜR DEN OSTEN 325
Imp. Constantinus A. Maximo pp. Cruenta
spectacula in otio civili et domestica quiete non
placent. Quapropter omnino gladiatores esse
prohibemus.
PP. Beryto k. Oct. Paulino et Iuliano conss.
Codex Iustinianus 11, 44

DAS KOLOSSEUM, ROM UND DIE WELT
Quandiu stat Colisaeus, stat et Roma;
quando cadet Colisaeus, cadet et Roma;
quando cadet Roma, cadet et mundus.
Anonym

84

den Gladiatorenpaare. Natürlich wollen sie das lieber! Kein Helm, kein Schild lässt das Schwert abprallen. Wozu Schutz? Wozu Kunst? All das verzögert nur den Tod. Am Morgen wirft man die Menschen den Löwen und Bären vor, am Mittag ihren Zuschauern. Die Mörder sollen den nächsten Mördern vorgeworfen werden, verlangen sie, und den Sieger sparen die sich für ein weiteres Gemetzel auf. Am Ende des Kampfes steht der Tod; mit Feuer und Schwert geht man zur Sache. Das geschieht, bis die Arena leer ist. «Aber irgendeiner hat doch einen Raub begangen, einen Menschen getötet!» Gut, weil er ein Mörder ist, hat er es verdient, dieses Schicksal zu erleiden. Aber du, Unseliger, was berechtigt dich, dabei zuzuschauen? «Bring ihn um, schlag zu, verbrenne ihn! Warum läuft er so ängstlich ins Schwert? Warum tötet er so zögerlich? Warum stirbt er so ungern? Mit Schlägen soll man sie dazu bringen, dass sie sich verwunden, in die nackte Brust, Mann gegen Mann, sollen sie sich gegenseitig das Schwert stechen.» Aber jetzt ist doch Pause! «Derweilen soll man den Menschen die Kehle durchschneiden, damit wenigstens etwas passiert!»

Kaiser Konstantin an den Reichspräfekten Maximus. Blutige Spiele in einer Zeit bürgerlichen Friedens und innerer Ruhe gefallen Uns nicht. Daher verbieten Wir das Aufführen von Gladiatorenspielen gänzlich.
Bekanntgegeben in Beirut, am 1. Oktober, unter dem Konsulat des Paulinus und des Julianus

Solang das Kolosseum steht, steht auch Rom;
wenn das Kolosseum fällt, fällt auch Rom;
wenn Rom fällt, fällt auch die Welt.

Das Kolosseum in der Neuzeit

Theatris atque amphitheatris urbs referta erat
ad ludos populo edendos. Ingens pulcherrimum-
que omnium fuisse dicunt, quod est media fere
urbe, ex lapide Tiburtino, opus Divi Vespasiani,
Colisaeum vulgo appellatum, atque ob stultitiam
Romanorum maiori ex parte ad calcem deletum.

Poggio Bracciolini (1380–1459), De varietate Fortunae

Das Kolosseum als christlicher Andachtsort

AMPHITHEATRVM FLAVIVM NON TAM OPERIS MOLE ET
ARTIFICIO AC VETERVM SPECTACVLORVM MEMORIA QVAM
SACRO INNVMERABILIVM MARTYRVM CRVORE ILLVSTRE
VENERABVNDVS HOSPES INGREDERE ET IN AVGVSTO
MAGNITVDINIS ROMANAE MONVMENTO EXECRATA
CAESARVM SAEVITIA HEROES FORTITVDINIS CHRISTIA-
NAE SVSPICE ET ADORA ANNO IVBILAEI MDCLXXV

Konstantinsbogen

IMP CAES FL CONSTANTINO MAXIMO P F AVGVSTO SPQR
QVOD INSTINCTV DIVINITATIS MENTIS MAGNITVDINE
CVM EXERCITV SVO TAM DE TYRANNO QVAM DE OMNI
EIVS FACTIONE VNO TEMPORE IVSTIS REM PVBLICAM
VLTVS EST ARMIS ARCVM TRIVMPHIS INSIGNEM DICAVIT

CIL 6.1139

Die Stadt war voll von Theatern und Amphitheatern, damit für das Volk Spiele veranstaltet werden konnten. Riesig und am schönsten von allen soll das gewesen sein, das sich ungefähr in der Mitte der Stadt befindet, aus Travertin gebaut, ein Werk des vergöttlichten Vespasian, das allgemein Colisaeum genannt wurde und wegen der Dummheit der Römer, meist um Kalk herzustellen, zerstört wurde.

Voll Ehrfurcht, Fremder, tritt ein in das Flavische Amphitheater, das nicht so sehr durch die Größe und Kunst des Baus und die Erinnerung an die alten Schauspiele als durch das heilige Blut unzähliger Märtyrer berühmt ist, und blicke in dem erhabenen Denkmal römischer Größe unter Verfluchung der Grausamkeit der Kaiser auf die Helden christlicher Tapferkeit und bete sie an! Im Jubeljahr 1675

Der fast 25 Meter hohe mit Elementen aus früheren Bauwerken geschmückte Triumphbogen ist ein Denkmal für den Sieg über Maxentius an der milvischen Brücke am 28. Oktober 312.
Dem Kaiser Flavius Constantinus Maximus Pius Felix Augustus haben der Senat und das römische Volk dafür, dass er durch göttliche Eingebung und durch die Größe seines Geistes mit seinem Heer den Staat an dem Tyrannen und zugleich auch an seiner gesamten Anhängerschaft mit gerechten Waffen gerächt hat, diesen Triumphbogen geweiht.

Circus Maximus

Brot und Spiele

(...) nam qui dabat olim imperium, fasces,
legiones, omnia, nunc se continet atque duas
tantum res anxius optat, panem et circenses.

Juvenal (ca. 60 – ca. 130), Saturae 10,78

Lieblingsbeschäftigung des Volkes

Hi omne, quod vivunt, vino et tesseris impen-
dunt et lustris et voluptatibus et spectaculis
eisque templum et habitaculum et contio et cupi-
torum spes omnis Circus est Maximus; et videre
licet per fora et compita et plateas et conventicula
circulos multos collectos in se controversis
iurgiis ferri aliis aliud, ut fit, defendentibus.
Inter quos hi, qui ad satietatem vixerunt,
potiores auctoritate longaeva per canos et rugas
clamitant saepe rem publicam stare non posse,
si futura concertatione, quem quisque vindicat,
carceribus non exsiluerit princeps et inomi-
nalibus equis parum cohaerenter circum-
flexerit metam. Et ubi neglegentiae tanta est
caries, exoptato die equestrium ludorum
illucescente nondum solis puro iubare fusius
omnes festinant praecipites, ut velocitate currus
ipsos anteeant certaturos; super quorum
eventu discissis votorum studiis anxii plurimi
agunt pervigiles noctes.

Ammianus Marcellinus (ca. 330 – ca. 395),
Res gestae, 28,4,28

Der Circus Maximus wurde wohl schon in der Königszeit angelegt. Die ursprünglichen Holztribünen wurden später durch Konstruktionen aus Stein ersetzt. In der Kaiserzeit fasste der Zirkus 250000 Zuschauer.

Denn das Volk, das einst die Befehlsgewalt, das Konsulat, die Legionen, ja alles gab, hält sich nun zurück und wünscht sich ängstlich nur zwei Dinge: Brot und Spiele.

Sie verbringen ihr ganzes Leben bei Wein und Würfelspiel, in Bordellen, bei Vergnügungen und Schauspielen, und der Circus Maximus ist für sie Tempel und Wohnung, Versammlungsort und Ziel aller Wünsche. Man kann sie auf Marktplätzen, Kreuzungen, Straßen und anderen Treffpunkten sehen, wie sie im Streit aufeinander losgehen, wobei, wie es gewöhnlich geschieht, der eine dies, der andere jenes vertritt. Unter diesen schreien oft diejenigen, deren Leben schon zur Neige geht und die auf Grund ihres hohen Alters mehr Ansehen haben, unter Hinweis auf ihre grauen Haare und ihre Falten, der Staat gehe unter, wenn beim nächsten Wettrennen der, auf den ein jeder gerade setze, nicht als erster aus den Boxen komme und mit verhexten Pferden nicht eng genug um die Wendemarke herumfahre. Und wo die Leute schon so verkommen sind, dass sie sich um nichts mehr kümmern, laufen alle am ersehnten Tag des Pferderennens, wenn das Licht der Sonne noch nicht so hell ist, Hals über Kopf in wildem Durcheinander hin, als ob sie die Rennwagen, die gleich starten werden, an Geschwindigkeit überbieten wollten. Weil ihre Wünsche über den Ausgang der Rennen weit auseinandergehen, verbringen die meisten die Nächte voller Angst, ohne ein Auge zuzutun.

C. Plinius Calvisio suo s.
Omne hoc tempus inter pugillares ac libellos
iucundissima quiete transmisi. «Quem-
admodum» inquis «in urbe potuisti?»
Circenses erant, quo genere spectaculi ne
levissime quidem teneor. Nihil novum nihil
varium, nihil quod non semel spectasse
sufficiat.
Quo magis miror tot milia virorum
tam pueriliter identidem cupere currentes
equos, insistentes curribus homines videre.
Si tamen aut velocitate equorum aut
hominum arte traherentur, esset ratio
non nulla; nunc favent panno, pannum
amant, et si in ipso cursu medioque
certamine hic color illuc ille huc trans-
feratur, studium favorque transibit,
et repente agitatores illos, equos illos,
quos procul noscitant, quorum clamitant
nomina, relinquent. Tanta gratia, tanta
auctoritas in una vilissima tunica, mitto
apud vulgus, quod vilius tunica, sed
apud quosdam graves homines; quos
ego cum recordor in re inani frigida ad-
sidua tam insatiabiliter desidere, capio
aliquam voluptatem, quod hac voluptate non capior. Ac per hos dies libentis-
sime otium meum in litteris colloco,
quos alii otiosissimis occupationibus
perdunt. Vale.
Plinius d. J. (61/62 – ca. 112), Epistulae 9,6

Lieber Calvisius!
Die ganze letzte Zeit habe ich mit Schreibtafel und Notiz-
heften in angenehmster Ruhe verbracht. «Wie war das
in der Stadt möglich?» wirst Du sagen. Es waren gerade
Zirkusspiele, eine Art von Schauspiel, die mich nicht im
geringsten zu fesseln vermag. Nichts Neues, keine Ab-
wechslung, nichts, bei dem es nicht reicht, wenn man es
einmal gesehen hat.
Um so mehr wundere ich mich, dass so viele Tausende in
so kindischer Weise immer wieder Pferde im Rennen und
Männer, die auf Rennwagen stehen, sehen wollen. Wenn
sie von der Schnelligkeit der Pferde oder von der Geschick-
lichkeit der Fahrer begeistert wären, so könnte man darin
noch irgendeinen vernünftigen Grund sehen; in Wirklichkeit aber applaudieren sie nur dem Trikot, gilt ihre Leidenschaft nur dem Trikot, und wenn im Rennen, mitten im
Wettkampf, die Parteien ihre Farben wechseln sollten, dann
wird auch ihre Leidenschaft und ihre Begeisterung dorthin
übergehen, und mit einem Schlag werden sie die Wagen-
lenker und die Pferde, die sie schon aus der Ferne kennen
und deren Namen sie dauernd rufen, im Stich lassen. So
viel Beliebtheit, so viel Einfluss hat ein einziges billiges
Hemd, ich sage gar nicht beim Pöbel, der noch weniger
Wert hat als ein Hemd, sondern auch bei manchen ernstzu-
nehmenden Leuten; wenn ich daran denke, dass sie bei einer so sinnleeren, stumpfsinnigen und endlosen Sache, ohne davon genug zu kriegen, untätig herumsitzen, dann
macht es mir Freude, dass mir das keine Freude macht. Und
so widme ich in den Tagen, die andere mit den überflüssig-
sten Beschäftigungen vergeuden, meine freie Zeit am liebsten der Literatur. Leb wohl!

Die Anfänge

[Tarquinius Priscus] bellum primum
cum Latinis gessit et oppidum ibi
Apiolas vi cepit; praedaque inde
maiore, quam quanta belli fama fuerat,
revecta ludos opulentius instructius-
que quam priores reges fecit. Tum
primum circo, qui nunc maximus
dicitur, designatus locus est. Loca divisa
patribus equitibusque, ubi spectacula
sibi quisque facerent, fori appellati;
spectavere furcis duodenos ab terra
spectacula alta sustinentibus pedes. Ludicrum fuit equi pugilesque ex Etruria
maxime acciti. Sollemnes deinde annui
mansere ludi, Romani magnique varie
appellati.

Livius (59 v. Chr. – 17 n. Chr.), Ab urbe condita 1, 35, 7

Raub der Sabinerinnen

Primus sollicitos fecisti, Romule, ludos,
    cum iuvit viduos rapta Sabina viros.
Tunc neque marmoreo pendebant vela theatro,
    nec fuerant liquido pulpita rubra croco;
illic quas tulerant nemorosa Palatia, frondes
    simpliciter positae, scaena sine arte fuit;
in gradibus sedit populus de caespite factis,
    qualibet hirsutas fronde tegente comas.

Ovid (43 v. Chr. – ca. 17 n. Chr.), Ars Amatoria 1, 101

Der Circus Maximus soll von Tarquinius Priscus (um 600 v. Chr.)
angelegt worden sein

Seinen ersten Krieg führte Tarquinius Priscus mit den Latinern und nahm dort die Stadt Apiolae im Sturm ein. Er brachte aus diesem Krieg mehr Beute nach Rom mit, als es der Ruhm, den der Krieg brachte, erwarten ließ, und daher veranstaltete er reicher und prächtiger ausgestaltete Spiele als die früheren Könige. Erst damals wurde der Platz für die Rennbahn, die jetzt Circus Maximus heißt, im Umriss festgelegt. Für die Senatoren und die Ritter wurden Plätze abgeteilt, wo sie sich jeweils eigene Zuschauertribünen errichten konnten; diese nannte man «fori» (durch Gänge abgeteilte Sitzreihen). Die Zuschauer saßen auf Tribünen, die von gabelförmigen Stützpfählen vier Meter über der Erde getragen wurden. Bei den Aufführungen gab es Pferde zu sehen und Faustkämpfer, die man vor allem aus Etrurien geholt hatte. Dann wurden alljährlich feierliche Spiele veranstaltet, die abwechselnd «Römische» und «Große Spiele» genannt wurden.

Schon vor der Anlage des Circus sollen hier Spiele stattgefunden haben,
und bei dieser Gelegenheit sollen die Römer die Frauen ihrer sabinischen
Nachbarn geraubt haben.

Romulus, du hast als erster erregende Spiele gegeben,
    als der Sabinerin Raub freute den einsamen Mann.
Da überspannten noch keine Segel ein Marmor-Theater,
    und die Bühne war nicht rötlich von Safran besprengt.
Kränze aus Lorbeer, im Wald des Palatinhügels gewachsen,
    hingen dort einfach, es war kunstlos die Bühne und schlicht.
Stufen aus Rasen gemacht, das war für die Leute der Sitzplatz,
    und das struppige Haar deckte beliebiges Laub.

Eifriger Zuschauer: Der Kaiser Augustus

Ipse circenses ex amicorum fere libertorumque
cenaculis spectabat, interdum ex pulvinari
et quidem cum coniuge ac liberis sedens. Spectaculo plurimas horas, aliquando totos dies
aberat, petita venia commendatisque, qui suam
vicem praesidendo fungerentur.
Verum quotiens adesset, nihil praeterea
agebat, seu vitandi rumoris causa, quo patrem
Caesarem vulgo reprehensum commemorabat,
quod inter spectandum epistulis libellisque
legendis aut rescribendis vacaret, seu
studio spectandi ac voluptate, qua teneri se neque dissimulavit umquam et saepe ingenue
professus est.

Sueton (ca. 75 – ca. 150), Augustus 45, 1

Desinteresse des Philosophenkaisers

Fuit autem consuetudo Marco, ut in circensium
spectaculo legeret audiretque ac suscriberet. Ex quo
quidem saepe iocis popularibus dicitur lacessitus.

Historia Augusta (4./5. Jh. n. Chr.), Marc Aurel 15, 1

Gelegenheit zum Flirten

Nec te nobilium fugiat certamen equorum;
   multa capax populi commoda Circus habet.
Nil opus est digitis, per quos arcana loquaris,
   nec tibi per nutus accipienda nota est:
Proximus a domina, nullo prohibente, sedeto,
   iunge tuum lateri qua potes usque latus;
et bene, quod cogit, si nolis, linea iungi,
   quod tibi tangenda est lege puella loci.

Zentrum

Augustus schaute den Zirkusspielen gewöhnlich von der Wohnung seiner Freunde oder Freigelassenen aus zu, zuweilen auch von seiner Loge aus, und zwar zusammen mit seiner Frau und seinen Kindern. Viele Stunden, manchmal sogar ganze Tage blieb er dem Schauspiel fern, doch immer entschuldigte er sich dafür und wies auf diejenigen hin, die ihn als Schirmherr vertraten.

Aber sooft er anwesend war, konzentrierte er sich ganz auf die Darbietungen, sei es, um der Kritik zu entgehen, der, wie er sich erinnerte, sein Vater Caesar allgemein ausgesetzt war – er beschäftigte sich nämlich während der Vorstellung damit, Briefe und Bittschriften zu lesen oder zu beantworten – , oder sei es aus Interesse und Vergnügen am Zuschauen. Dass er davon gefesselt war, verhehlte er nie, sondern gestand es häufig in aller Offenheit ein.

Marc Aurel hatte die Angewohnheit, bei der Aufführung von Zirkusspielen zu lesen, Audienzen abzuhalten und Schriftstücke zu unterzeichnen. Deswegen soll er allerdings oft vom Volk mit Scherzen geneckt worden sein.

Lass dir doch nicht das Rennen der rassigen Pferde entgehen:
    Manche Gelegenheit gibt´s, hat sich der Zirkus gefüllt.
Nicht mit Fingern musst du geheime Gespräche hier führen,
    nicht durch nickenden Wink heimliche Zeichen verstehn.
Nah zur Liebsten sollst du dich setzen, es hindert dich niemand,
    drück dich so nahe an sie, wie du es eben vermagst.
Gut, dass die Sperre, auch wenn du nicht willst, euch verbindet,
    dass des Ortes Gesetz sie zu berühren dich zwingt.

Circus Maximus

Hic tibi quaeratur socii sermonis origo,
et moveant primos publica verba sonos.
Cuius equi veniant, facito, studiose requiras:
nec mora, quisquis erit, cui favet illa, fave.
At cum pompa frequens caelestibus ibit eburnis,
tu Veneri dominae plaude favente manu;
utque fit, in gremium pulvis si forte puellae
deciderit, digitis excutiendus erit.
Etsi nullus erit pulvis, tamen excute nullum:
quaelibet officio causa sit apta tuo.
Pallia si terra nimium demissa iacebunt,
collige, et inmunda sedulus effer humo.
Protinus, officii pretium, patiente puella
contingent oculis crura videnda tuis.
Respice praeterea, post vos quicumque sedebit,
ne premat opposito mollia terga genu.
Parva leves capiunt animos: fuit utile multis
pulvinum facili composuisse manu.
Profuit et tenui ventos movisse tabella,
et cava sub tenerum scamna dedisse pedem.
Hos aditus Circusque novo praebebit amori,
sparsaque sollicito tristis harena foro.

Ovid (43 v. Chr. – ca. 17 n. Chr.), Ars Amatoria 1, 135

DER CIRCUS MAXIMUS ZU BEGINN DER NEUZEIT
Circi maximi, celeberrimi quondam spectaculi,
nunc hortis deputatus locus, in quo et obeliscum
ingentem et arcum triumphalem T. Vespaniani
fuisse legimus, parum quid visu reliquit vetustas.

Poggio Bracciolini (1380–1459), De varietate Fortunae

Für ein trautes Gespräch sollst hier einen Anlass du suchen,
 was man allgemein spricht, stifte zuerst dir das Wort.
Wessen Pferde jetzt kommen, das sollst du mit Eifer erfragen:
 Und wer immer es ist, klatsche, für den auch sie klatscht.
Wenn dann der Festzug kommt mit den vielen Elfenbeingöttern,
 spende der Venus sogleich Beifall mit freundlicher Hand.
Wenn es zufällig geschieht, dass auf den Schoß deines Mädchens
 Staub fällt, schüttle ihn ab mit deinen Fingern sogleich,
auch wenn nirgendwo Staub ist, dann schüttle eben ein nichts ab:
 Jeder beliebige Grund eigne sich für deinen Dienst.
Hängt ihr Kleid zu tief herab und liegt auf dem Boden,
 leg's in Falten und heb's eifrig heraus aus dem Schmutz.
Gleich, als Lohn für den Dienst, das Mädchen lässt es geschehen,
 hat dein Auge das Glück, heimlich die Beine zu sehn.
Sieh dich auch um, damit nicht der, der hinter euch Platz hat,
 zudringlich mit seinem Knie an ihren Rücken sich presst.
Unbeschwerte Gemüter gewinnt man mit Kleinem: es nützte
 vielen schon, wenn sie geschickt rückten das Kissen zurecht.
Klug ist's auch, für Luft zu sorgen mit zierlichem Fächer,
 oder den Schemel zu stelln unter den lieblichen Fuß.
Solche Gelegenheit bietet der Zirkus beginnender Liebe
 und der düstere Sand auf dem erregenden Platz.

Der Ort des Circus Maximus, des einstmals berühmtesten
Schauplatzes für Spiele, ist jetzt für Gärten bestimmt; dort
war, wie wir lesen, ein riesiger Obelisk und der Triumphbogen des Titus Vespasianus. Aber die Zeit hat nicht viel zu
sehen übriggelassen.

MARSFELD · Pompeius-Theater

Das Theater als Gefahr für die Sitten
Nerone quartum Cornelio Cosso consulibus
quinquennale ludicrum Romae institutum
est ad morem Graeci certaminis, varia fama,
ut cuncta ferme nova. Quippe erant, qui Gn.
quoque Pompeium incusatum a senioribus
ferrent, quod mansuram theatri sedem posuis-
set. Nam antea subitariis gradibus et scaena
in tempus structa ludos edi solitos, vel si
vetustiora repetas, stantem populum specta-
visse, ne, si consideret theatro, dies totos
ignavia continuaret.
Tacitus (ca. 55 – ca. 117/120), Annales 14, 20

Der Trick des Pompeius
Pompeius Magnus, solo theatro suo minor,
cum illam arcem omnium turpitudinum ex-
truxisset, veritus quandoque memoriae suae
censoriam animadversionem, Veneris aedem
superposuit et ad dedicationem edicto
populum vocans non theatrum, sed Veneris
templum nuncupavit, «cui subiecimus» inquit «gradus spectaculorum». Ita damnatum
et damnandum opus templi titulo praetexit
et disciplinam superstitione delusit.
Tertullian (ca. 160 – nach 220), De spectaculis 10,5

Das Pompeius-Theater, dessen Form noch in der heutigen Bebauung
östlich des Campo de´ Fiori erkennbar ist, war das erste in Stein ge-
baute Theater Roms (55 v. Chr.). Ein ständiges Theater galt zu dieser
Zeit noch als moralisch bedenklich. Wenige Jahre später bildete das
Pompeius-Theater mit den Bühnen des Balbus und des Marcellus ein
regelrechtes Theaterviertel auf dem südlichen Marsfeld.

Als Nero (zum vierten Mal) und Cornelius Cossus Konsul
waren, wurde in Rom ein alle fünf Jahre stattfindendes
Festspiel in der Art griechischer Wettkämpfe eingerichtet.
Darüber wurde, wie bei fast allen Neuerungen, viel geredet.
Es gab Leute, die sagten, auch gegen Gnaeus Pompeius sei-
en von den Älteren Vorwürfe erhoben worden, weil er ein
feststehendes Theater erbaut habe. Denn vorher habe man
die Spiele meist mit provisorischen Sitzreihen und einer
nur für eine begrenzte Zeit errichteten Bühne veranstaltet,
oder, wenn man noch weiter in die Vergangenheit zurück-
gehe, so habe das Volk stehend zuschauen müssen, damit
es nicht, wenn es sich einmal im Theater niedergelassen
habe, ganze Tage ununterbrochen in Untätigkeit verbringe.

Pompeius der Große, der nur kleiner war als sein Theater,
fürchtete, als er diesen Gipfel aller Schändlichkeiten errichtete, dass sein Andenken über kurz oder lang der Rüge des
Zensors verfalle. Daher baute er einen Venustempel oben
darauf, und als er das Volk in einer Bekanntmachung zur
Einweihung einlud, sprach er nicht vom Theater, sondern
vom Tempel der Venus, «vor den wir», sagte er, «Sitzreihen für Aufführungen gelegt haben». So bemäntelte er das
Bauwerk, das man missbilligt hatte und das missbilligens-
wert war, mit der Bezeichnung «Tempel» und verspottete
gesellschaftliche Grundsätze durch abergläubischen Kult.

Omnino, si quaeris, ludi apparatissimi, sed non
tui stomachi; coniecturam enim facio de meo.
Nam primum honoris causa in scaenam redierant
ii, quos ego honoris causa de scaena decessisse
arbitrabar. Deliciae vero tuae, noster Aesopus,
eius modi fuit, ut ei desinere per omnis homines
liceret. Is iurare cum coepisset, vox eum de-
fecit in illo loco «si sciens fallo». Quid tibi ego
alia narrem? Nosti enim reliquos ludos; qui
ne id quidem leporis habuerunt, quod solent
mediocres ludi. Apparatus enim spectatio tolle-
bat omnem hilaritatem; quo quidem apparatu
non dubito, quin animo aequissimo carueris.
Quid enim delectationis habent sescenti muli
in «Clytaemestra» aut in «Equo Troiano»
creterrarum tria milia aut armatura varia
peditatus et equitatus in aliqua pugna? Quae
popularem admirationem habuerunt, delecta-
tionem tibi nullam attulissent.
Quod si tu per eos dies operam dedisti Proto-
geni tuo, dum modo is tibi quidvis potius quam
orationes meas legerit, ne tu haud paulo plus
quam quisquam nostrum delectationis habuisti.
Non enim te puto Graecos aut Oscos ludos de-
siderasse, praesertim cum Oscos vel in senatu
vestro spectare possis, Graecos ita non ames, ut ne
ad villam quidem tuam via Graeca ire soleas.
Nam quid ego te athletas putem desiderare, qui
gladiatores contempseris? In quibus ipse Pompeius
confitetur se et operam et oleum perdidisse.
Reliquae sunt venationes binae per dies quinque,
magnificae, nemo negat; sed quae potest homini
esse polito delectatio, cum aut homo imbecillus

Es waren, wenn es Dich interessiert, ganz und gar prachtvolle Spiele – aber nicht nach Deinem Geschmack; ich
schließe das nämlich aus meinem. Denn zuerst kamen Leute ehrenhalber wieder auf die Bühne, die, wie ich glaubte,
ehrenhalber schon längst abgetreten waren. Dein Liebling,
unser Äsop, war so, dass es ihm kein Mensch übelgenom-
men hätte, wenn er aufgehört hätte. Als er mit dem Eid
begann, versagte ihm die Stimme an der Stelle « Wenn ich
wissentlich betrüge ». Was soll ich noch weiteres erzählen?
Du kennst ja die übrigen Spiele. Sie hatten nicht einmal
den Charme, den gewöhnliche Spiele normalerweise haben.
Der Blick auf die Ausstattung vereitelte nämlich jede Hei-
terkeit; auf diese Ausstattung hättest Du jedenfalls, daran
habe ich keinen Zweifel, problemlos verzichten können.
Denn welchen Genuss könnten 600 Maultiere in der
« Klytämestra » bieten oder im « Trojanischen Pferd » 3000
Mischkrüge oder die farbenfrohe Bewaffnung der Fußsolda-
ten und der Reiterei in irgendeiner Schlacht? Das Volk hat
das alles bewundert. Dir hätte es keinen Spaß gemacht.
Wenn Du Dich also in diesen Tagen mit deinem Protogenes
abgegeben hast, dann hattest Du, wenn er Dir nur etwas
anderes als meine Reden vorgelesen hat, bestimmt mehr
Unterhaltung als einer von uns. Denn ich glaube nicht, dass
Du Lust auf griechische oder oskische Stücke hattest, zumal
da Du bei oskischen Stücken sogar in Eurem Stadtrat zuschauen kannst und an griechischen so wenig Gefallen hast,
dass Du sogar, wenn Du zu Deinem Haus gehst, die Grie-
chenstraße gewöhnlich meidest.
Denn wie könnte ich annehmen, Du habest ein Verlangen
nach griechischen Athleten, wenn Du schon für Gladia-
toren nichts übrig hattest? Pompeius gibt selber zu, seine
Zeit damit verschwendet zu haben. Es bleiben noch die
Tierhetzen, fünf Tage lang jeweils zwei, unbestritten

a valentissima bestia laniatur aut praeclara
bestia venabulo transverberatur? Quae tamen,
si videnda sunt, saepe vidisti, neque nos, qui
haec spectavimus, quicquam novi vidimus. Ex-
tremus elephantorum dies fuit. In quo admiratio
magna vulgi atque turbae, delectatio nulla ex-
stitit; quin etiam misericordia quaedam con-
secuta est atque opinio eius modi esse quandam
illi beluae cum genere humano societatem.

Cicero (106–43 v. Chr.), Epistulae ad familiares 7, 1

Caesars Ermordung in der Kurie des Pompeius

Conspiratum est in eum a sexaginta amplius,
Gaio Cassio Marcoque et Decimo Bruto principibus conspirationis. Qui primum cunctati,
utrumne in Campo per comitia tribus ad
suffragia vocantem partibus divisis e ponte
deicerent atque exceptum trucidarent, an in
Sacra via vel in aditu theatri adorirentur,
postquam senatus Idibus Martiis in Pompei
curiam edictus est, facile tempus et locum
praetulerunt.
Sed Caesari futura caedes evidentibus pro-
digiis denuntiata est. Paucos ante menses,
cum in colonia Capua deducti lege Iulia coloni
ad extruendas villas vetustissima sepulcra
disicerent idque eo studiosius facerent,
quod aliquantum vasculorum operis antiqui
scrutantes reperiebant, tabula aenea in
monimento, in quo dicebatur Capys con-
ditor Capuae sepultus, inventa est conscripta
litteris verbisque Graecis hac sententia:

prachtvolle Aufführungen. Aber wie kann ein gebildeter Mann Freude daran haben, wenn ein schwacher Mensch von einem Tier mit riesiger Kraft in Stücke gerissen oder ein herrliches Tier vom Jagdspieß durchbohrt wird? Das hast Du doch, wenn man es denn sehen muss, oft gesehen, und wir Zuschauer hier haben nichts Neues gesehen. Der letzte Tag hat den Elefanten gehört. Da staunte das einfache Volk, aber Freude kam nicht auf. Ja, es war sogar eine Art Mitleid zu spüren und eine Ahnung davon, dass dieses Ungetüm manches mit dem Menschen gemein hat.

An das Theater schloss sich eine riesige Säulenhalle an, in der am 15. März 44 v. Chr. Gaius Iulius Caesar ermordet wurde.
Mehr als sechzig Personen verschworen sich gegen ihn; Gaius Cassius und Marcus und Decimus Brutus waren die Anführer der Verschwörung. Sie waren erst unschlüssig, ob sie ihn auf dem Marsfeld bei den Wahlen, wenn er die Wahlbezirke zur Stimmabgabe auffordere, ermorden sollten, indem ihn die einen vom Steg stießen, die andern auffingen und niedermetzelten, oder ob sie ihn auf der Sacra Via oder in der Eingangshalle des Theaters angreifen sollten. Nachdem eine Senatsversammlung auf den fünfzehnten März in der Kurie des Pompeius angesetzt wurde, zogen sie ohne zu zögern diesen Zeitpunkt und diesen Ort vor. Caesar wurde übrigens die bevorstehende Ermordung durch deutliche Vorzeichen angekündigt. Als wenige Monate zuvor in Capua die nach dem Julischen Gesetz dort angesiedelten Kolonisten uralte Gräber zerstörten, um Häuser zu bauen, und dies um so eifriger taten, weil sie beim Graben eine Menge kunstvoller alter Gefäße entdeckten, da fand man in dem Grab, in dem, wie es hieß, Capys, der Gründer Capuas, bestattet war, eine Bronzetafel, auf der in griechischer Schrift und Sprache folgender Satz stand:

Quandoque ossa Capyis detecta essent, fore
ut illo prognatus manu consanguineorum
necaretur magnisque mox Italiae cladibus
vindicaretur. Cuius rei, ne quis fabulosam aut
commenticiam putet, auctor est Cornelius
Balbus, familiarissimus Caesaris.
Proximis diebus equorum greges, quos in
traiciendo Rubiconi flumini consecrarat
ac vagos et sine custode dimiserat, comperit
pertinacissime pabulo abstinere ubertimque
flere. Et immolantem haruspex Spurinna
monuit, caveret periculum, quod non ultra
Martias Idus proferretur. Pridie autem eas-
dem Idus avem regaliolum cum laureo
ramulo Pompeianae curiae se inferentem
volucres varii generis ex proximo nemore
persecutae ibidem discerpserunt.
Ea vero nocte, cui inluxit dies caedis, et
ipse sibi visus est per quietem interdum
supra nubes volitare, alias cum Iove
dextram iungere; et Calpurnia uxor ima-
ginata est conlabi fastigium domus maritum-
que in gremio suo confodi; ac subito
cubiculi fores sponte patuerunt.
Ob haec simul et ob infirmam valitudinem
diu cunctatus, an se contineret et, quae
apud senatum proposuerat agere, differret,
tandem Decimo Bruto adhortante, ne
frequentis ac iam dudum opperientis
destitueret, quinta fere hora progressus est
libellumque insidiarum indicem ab obvio
quodam porrectum libellis ceteris, quos
sinistra manu tenebat, quasi mox lecturus
commiscuit. Dein pluribus hostiis caesis,

Wenn die Gebeine des Capys entdeckt werden, wird ein Nachkomme des Julus von der Hand seiner Blutsverwandten getötet und bald durch großes Unglück für Italien gerächt werden. Man soll das nicht für einen Mythos oder für reine Erfindung halten: Cornelius Balbus, ein enger Freund Caesars, ist Zeuge dafür.

In den letzten Tagen vor seinem Tod erfuhr er, dass die Pferdeherden, die er beim Überschreiten des Rubikon dem Flussgott geweiht und und ohne Wärter hatte frei laufen lassen, hartnäckig die Nahrung verweigerten und reichlich Tränen vergossen. Als Caesar opferte, ermahnte ihn der Seher Spurinna, er solle sich vor einer Gefahr in acht nehmen, die sich nicht über den fünfzehnten März hinaus aufschieben lasse. Am Tag vor diesem Datum aber verfolgten verschiedene Vögel aus dem in der Nähe liegenden Park einen Zaunkönig, der mit einem Lorbeerzweig im Schnabel in die Kurie des Pompeius flog, und zerrissen ihn dort.

In der Nacht vor seiner Ermordung glaubte er im Schlaf, er schwebe zuweilen über den Wolken, dann wieder, er gebe Jupiter die Hand; seine Frau Calpurnia träumte, der Giebel ihres Hauses stürze ein und ihr Mann werde in ihrem Schoß erstochen; und plötzlich öffneten sich von selbst die Türen ihres Schlafzimmers.

Wegen dieser Vorzeichen und wegen seiner angegriffenen Gesundheit war er lange unschlüssig, ob er nicht zu Hause bleiben und das, was er vor dem Senat behandeln wollte, aufschieben solle. Aber als Decimus Brutus ihn aufforderte, die fast vollzählig anwesenden und schon lange wartenden Senatoren nicht zu enttäuschen, verließ er schließlich gegen elf Uhr das Haus. Einen Zettel, der eine Anzeige des Attentats enthielt und ihm von einem Passanten überreicht wurde, steckte er zu den übrigen Schriften, die er in der linken Hand hatte, wie wenn er ihn gleich lesen wollte. Obwohl mehrere Tiere geschlachtet wurden, konnte er nicht

cum litare non posset, introiit curiam
spreta religione Spurinnamque irridens
et ut falsum arguens, quod sine ulla sua
noxa Idus Martiae adessent: Quanquam
is venisse quidem eas diceret, sed non
praeterisse.

Assidentem conspirati specie officii circum-
steterunt ilicoque Cimber Tillius, qui
primas partes susceperat, quasi aliquid
rogaturus propius accessit renuentique
et gestu in aliud tempus differenti ab utro-
que umero togam adprehendit: Deinde
clamantem «Ista quidem vis est» alter
e Cascis aversum vulnerat paulum infra
iugulum. Caesar Cascae brachium arrep-
tum graphio traiecit conatusque prosilire
alio vulnere tardatus est; utque anim-
advertit undique se strictis pugionibus
peti, toga caput obvolvit, simul sinistra
manu sinum ad ima crura deduxit,
quo honestius caderet etiam inferiore
corporis parte velata. Atque ita tribus et
viginti plagis confossus est uno modo ad
primum ictum gemitu sine voce edito, etsi
tradiderunt quidam Marco Bruto irruenti
dixisse: καὶ σὺ τέκνον;
Exanimis diffugientibus cunctis aliquamdiu
iacuit, donec lecticae impositum, dependente
brachio, tres servoli domum rettulerunt.
Nec in tot vulneribus, ut Antistius medicus
existimabat, letale ullum repertum est,
nisi quod secundo loco in pectore acceperat.

Sueton (ca. 75 – ca. 150), Caesar 80,4

unter günstigen Vorzeichen opfern. Da betrat er trotzdem unter Missachtung aller religiösen Bedenken die Kurie und lachte über Spurinna und überführte ihn des Irrtums, weil der fünfzehnte März gekommen sei, ohne dass ihm etwas zugestoßen sei. Der sagte, er sei zwar gekommen, aber noch nicht vorbei.

Als er Platz nahm, umringten ihn die Verschwörer, wie wenn sie ihm ihre Ergebenheit bezeigen wollten, und sofort trat Cimber Tillius, der die führende Rolle übernommen hatte, näher an ihn heran, als ob er ihn um etwas bitten wollte. Als Caesar ihn abwies und mit einer Handbewegung auf eine andere Gelegenheit vertröstete, packte er ihn an beiden Schultern an der Toga. Caesar rief: «Das ist ja Gewalt!» Da verwundete ihn einer der beiden Casca von hinten knapp unterhalb der Kehle. Caesar riss Cascas Arm an sich und durchbohrte ihn mit dem Schreibstift; als er aufzuspringen versuchte, wurde er durch eine weitere Wunde daran gehindert. Wie er nun wahrnahm, dass er von allen Seiten mit gezückten Dolchen angegriffen wurde, verhüllte er sein Haupt mit der Toga, zog zugleich mit der linken Hand das Gewand bis zu den Unterschenkeln hinab, um auch den unteren Teil des Körpers zu verhüllen und mit Anstand zu fallen. Und so wurde er von dreiundzwanzig Stichen durchbohrt. Nur beim ersten Stoß ließ er einen wortlosen Seufzer hören. Einige berichten allerdings, er habe zu Brutus, als er auf ihn eindrang, gesagt: «Auch du, mein Sohn?»
Leblos lag er, während alle auseinanderliefen, eine Zeitlang da, bis ihn drei junge Sklaven auf eine Sänfte legten und – ein Arm hing dabei herab – nach Hause brachten. Unter den vielen Wunden fand sich nach Meinung des Arztes Antistius keine tödliche außer der, die er als zweite in die Brust erhalten hatte.

Das Pompeius-Theater als Sehenswürdigkeit

Profectique Romam, dum aliis curis
intentum Neronem opperiuntur, inter
ea, quae barbaris ostentantur, intravere
Pompei theatrum, quo magnitudinem
populi viserent. Illic per otium – neque
enim ludicris ignari oblectabantur – dum
consessum caveae, discrimina ordinum,
quis eques, ubi senatus percontantur, ad-
vertere quosdam cultu externo in sedibus
senatorum; et quinam forent rogitantes,
postquam audiverant earum gentium
legatis id honoris datum, quae virtute
et amicitia Romana praecellerent, nullos
mortalium armis aut fide ante Germanos
esse exclamant degrediunturque et inter
patres considunt. Quod comiter a visenti-
bus exceptum, quasi impetus antiqui et
bona aemulatio. Nero civitate Romana
ambos donavit.

Tacitus (ca. 55 – ca. 117/120), Annales 13, 54, 3

Theoderich und das Pompeius-Theater

Symmacho Patricio Theodericus Rex
Cum privatis fabricis ita studueris, ut in
laribus propriis quaedam moenia fecisse
videaris, dignum est, ut Romam, quam
domum pulchritudine decorasti, in suis mira-
culis continere noscaris, fundator egregius
fabricarum earumque comptor eximius,
quia utrumque de prudentia venit, et apte
disponere et extantia competenter ornare.
Notum est enim, quanta laude in suburbanis
suis Romam traxeris, ut, quem illas fabricas

Zwei Friesenfürsten reisten nach Rom, und während sie auf Nero warteten, der anderweitig beschäftigt war, besuchten sie im Rahmen der Führungen für Ausländer das Theater des Pompeius, damit sie einen Eindruck von der Größe des Volkes bekämen. Als sie sich dort aus Langeweile – denn die Aufführungen machten ihnen in ihrer Ahnungslosigkeit kein Vergnügen – nach der Sitzordnung des Zuschauerraumes, nach den Standesunterschieden, erkundigten und fragten, wo die Ritter und wo die Senatoren säßen, da bemerkten sie auf den Plätzen der Senatoren einige Leute in fremdländischer Kleidung. Sie fragten wiederholt, wer dies sei, und als sie hörten, diese Ehre werde den Gesandten der Völker zuteil, die sich durch ihre Tapferkeit und ihre Freundschaft mit Rom auszeichneten, da riefen sie, niemand auf der Welt übertreffe die Germanen an Kriegstaten und Treue, stiegen hinab und nahmen unter den Senatoren Platz. Die Leute, die das beobachteten, nahmen es mit heiterer Freundlichkeit auf, sozusagen als Zeichen urtümlicher Kraft und als Eifersucht im positiven Sinn. Nero beschenkte beide mit dem römischen Bürgerrecht (...)

König Theoderich an den Patrizier Symmachus
Da Du Dich um private Bauwerke so bemüht hast, dass Du in Deinem eigenen Haus, wie es scheint, geradezu öffentliche Gebäude hast bauen lassen, ist es angemessen, dass man Dich als jemand kennt, der Rom, das Du durch die Schönheit Deiner Häuser geschmückt hast, in seinen Wundern erhältst. Du ragst als Gründer von Bauwerken heraus und verschönerst sie in außerordentlicher Weise. Beides verrät Weisheit: gut planen und das Vorhandene geschmackvoll ausstatten. Es ist ja bekannt, wieviel Anerkennung Du für die Ausdehnung Roms in seine Außenbezirke bekommen

intrare contigerit, aspectum suum extra
urbem esse non sentiat, nisi cum se et agro-
rum amoenitatibus interesse cognoscat:
antiquorum diligentissimus imitator, mo-
dernorum nobilissimus institutor. Mores
tuos fabricae loquuntur, quia nemo in
illis diligens agnoscitur, nisi qui et in
suis sensibus ornatissimus invenitur.
Et ideo theatri fabricam magna se mole
solventem consilio vestro credimus esse
roborandam, ut, quod ab auctoribus
vestris in ornatum patriae constat esse
concessum, non videatur sub melioribus
posteris imminutum. Quid non solvas,
senectus, quae tam robusta quassasti?
Montes facilius cedere putarentur, quam
soliditas illa quateretur: quando et moles
ipsa sic tota de cautibus fuit, ut praeter
artem additam et ipsa quoque naturalis
esse crederetur.
Haec potuissemus forte neglegere, si nos
contigisset talia non videre: caveas illas
saxis pendentibus absidatas ita iuncturis
absconditis in formas pulcherrimas con-
venisse, ut cryptas magis excelsi montis
crederes quam aliquid fabricatum esse
iudicares. Fecerunt antiqui locum tantis
populis parem, ut haberent singulare
spectaculum, qui mundi videbantur obtinere dominatum. (...)
Unde non inmerito creditur Pompeius hinc
potius Magnus fuisse vocitatus. Et ideo sive
masculis pilis contineri sive talis fabrica
refectionis studio potuerit innovari, expen-

Marsfeld

hast: Wer zufällig zu diesen Gebäuden kommt, bemerkt nicht, dass sein Blick auf Bauwerke außerhalb der Stadt fällt, außer wenn er erkennt, dass er sich mitten in der schönsten Landschaft befindet. Du orientierst Dich gewissenhaft an den Alten und schaffst auf vornehmste Weise Neues. Die Bauwerke beweisen Deine Gesinnung, weil man an ihnen nur dann Sorgfalt erkennt, wenn jemand sich auch in seinem eigenen Urteil geschmackvoll zeigt. Daher glauben Wir, dass das Theatergebäude, das in seiner gewaltigen Masse verfällt, durch Eure kluge Planung instand gesetzt werden muss, damit das, was bekanntlich Eure Ahnherren zum Schmuck der Vaterstadt hinterlassen haben, nicht den Eindruck erweckt, es sei unter ihren edleren Nachkommen beschädigt worden. Was könntest du nicht zum Einsturz bringen, hohes Alter, das ein so festes Bauwerk erschüttert hat? Berge, könnte man glauben, würden eher wanken, als dass dieses stabile Gebäude beschädigt wird: Denn der Bau selber war so gänzlich aus gewaltigen Steinblöcken, dass man ihn, von der Kunst abgesehen, die hinzukam, für ein Werk der Natur hätte halten können.

Wir hätten uns vielleicht um dieses Bauwerk nicht gekümmert, wenn Wir nicht zufällig solche Dinge gesehen hätten: Dass der auf überhängendem Mauerwerk gewölbte Zuschauerraum durch verborgene Verbindungen sich so in die schönste Form zusammenfügt, dass man ihn eher für Grotten eines hohen Berges hätte halten können, als für etwas künstlich Geschaffenes. Die Alten schufen hier einen Ort, der dem großen Volk ebenbürtig war, damit sie, die offensichtlich die Herrschaft über die Welt innehatten, ein einzigartiges Theater besäßen. (...)
Nicht zu Unrecht nimmt man daher an, Pompeius sei vor allem aus diesem Grund «der Große» genannt worden. Wenn daher dieses Bauwerk durch eingezogene Pfeiler erhalten oder im Bestreben nach Wiederherstellung erneuert

sas vobis de nostro cubiculo curavimus
destinare, ut et vobis acquiratur tam boni
operis fama et nostris temporibus videatur
antiquitas decentius innovata.

Cassiodor (ca. 490 – ca. 583), Variae 4,51

Renaissance–Paläste auf dem Theater
Pars theatri Pompeii haud procul ab eo, quem
Campum Florum appellant, superextat, etiam ipsa
privatis aedificiis occupata. Id ut credam, litterae
quaedam adducunt effossis nuper marmoribus,
quae in eius collapsa porticu columnis immixta
reperta sunt, incisae.

Poggio Bracciolini (1380–1459), De varietate Fortunae

Inschrift am Campo de' Fiori: Lob für Sixtus IV.

QVAE MODO PVTRIS ERAS ET OLENTI SORDIDA COENO
    PLENAQVE DEFORMI MARTIA TERRA SITV
EXVIS HANC TVRPEM XYSTO SVB PRINCIPE FORMAM
    OMNIA SVNT NITIDIS CONSPICIENDA LOCIS
DIGNA SALVTIFERO DEBENTVR PREMIA DVCI
    O QVANTVM EST SVMMO DEBITA ROMA DVCI
            VIA FLOREA
BAPTISTA ARCHIONIVS ET LVDOVICVS MARGANIVS
CVRATORES VIARUM ANNO SALVTIS MCCCCLXXXIII

werden kann, so haben Wir Euch die Ausgaben dafür von
Unserer Kammer anweisen lassen, damit Ihr den Ruhm
für ein so bedeutendes Werk erwerbt und von Unserer
Regierungszeit der Eindruck entsteht, dass das Altertum
in würdiger Weise erneuert worden ist.

In der Nähe des sogenannten Campo de' Fiori ist noch ein
Teil des Pompeiustheaters vorhanden, gleichfalls von Pri-
vathäusern überbaut.
Zu dieser Annahme veranlassen mich bestimmte Buchstaben, die in die kürzlich ausgegrabenen Marmorsteine
eingemeißelt sind, die man in der eingestürzten Halle des
Theaters zwischen Säulen gefunden hat.

Eben noch warst du verfallen und lagst in stinkendem Kote,
    voll von hässlichem Schmutz, Erde des Kriegsgottes Mars.
Nun legst du ab die entstellte Gestalt unter Sixtus dem Fürsten,
    alles zeigt sich voll Glanz nunmehr am prächtigen Ort.
Würdiger Lohn gebührt dem Rettung bringenden Herrscher.
    O wie viel verdankt Rom dem erhabenen Herrn.
                Via Florea
Baptista Archionius und Ludovicus Marganius, die Leiter
der Straßenbaubehörde, im Jahre des Heils 1488

Pasquino

1501 wurde die verstümmelte Figur des sogenannten Pasquino vor dem heutigen Palazzo Braschi aufgestellt. Die Statue ist der Rest einer Figurengruppe: Menelaos trägt den toten Patroklos aus der Schlacht.

Vendit Alexander claves, altaria, Christum:
   vendere iure potest, emerat ille prius.
De vitio in vitium, de flamma crescit in ignem,
   Roma sub Hispano deperit imperio.
Sextus Tarquinius, sextus Nero, Sextus et iste;
   semper sub sextis perdita Roma fuit.

Octo nocens pueros genuit totidemque puellas:
   hunc merito poterit dicere Roma patrem.

Europen Tyrio quondam sedisse iuvenco
   quis neget? Hispano Iulia vecta tauro est.
Ille sed astrigeri partem vix occupat orbis;
   hic coelum atque deos sub dicione tenet.

Sacra sub extrema, si forte requiritis, hora
   cur Leo non potuit sumere? Vendiderat.

Papa non potest errare.

*Der Pasquino ist die berühmteste «sprechende Statue» in Rom: Hier
heftete man anonyme spöttische und kritische Verse an, die sich vor
allem gegen die päpstliche Herrschaft richteten.*

Alexander VI. (Roderigo Borgia, 1492–1503): Unglückszahl
Schlüssel, Altäre, ja Christus verkaufte der Papst Alexander.
    Dieser Verkauf ist sein Recht, hatt' er's doch vorher gekauft.
Immer größere Laster, die Flamme wächst schon zu Feuer.
    Rom wird ganz ruiniert unter der spanischen Macht.
Sechster Tarquinius, sechster Nero, auch er ist ein sechster:
    Immer ging unter der Sechs Roma erbärmlich zugrund.

Alexander VI.: Vater, aber kein heiliger
Knaben zeugte er acht, der Schurke, genau so viel Mädchen:
    er hat es wirklich verdient, «Vater» zu heißen in Rom.

Alexander VI.: Giulia Farnese und der spanische Stier
Dass Europa dereinst auf dem Tyrischen Stier ist gesessen,
    weiß man. Ein spanischer Stier war's, auf dem Giulia ritt.
Doch jener andere Stier besetzt nur Teile des Himmels –
    dieser hat Himmel und Gott völlig in seiner Gewalt.

Leo X. (Giovanni de' Medici, 1513–1521): Ausverkauf der Sakramente
Fragt ihr, warum der Papst die heiligen Sakramente
    in seiner letzten Stund' nicht konnt' empfangen? – Verkauft!

Clemens VII. (Giulio de' Medici, 1523–1534):
Gefangenschaft in der Engelsburg (Sacco di Roma 1527)
Der Papst kann nicht irren / umhergehen.

Ut canerent, data multa olim sunt vatibus aera:
ut taceam, quantum tu mihi, Paule, dabis?

Papa Pius moritur Quintus. Res mira, tot inter
pontifices tantum quinque fuisse pios.

Quod non fecerunt barbari, fecerunt Barberini.

Pius VI. Pont. Max. hanc albitudinem
ab fundamentis erexit.

Piazza Navona

Die Form eines langgestreckten Hufeisens geht auf das Stadion zurück,
das von Domitian erbaut wurde und kein Zirkus für Wagenrennen, son-
dern eine Arena für athletische Wettkämpfe in griechischer Art war.
Im Jahr 86 führte Domitian das Certamen Capitolinum ein. Aus dem
griechischen Wort für Wettkampf (agon) entstand (über «in agone»)
DOMITIAN ERBAUT EIN «STADION»
Novam autem excitavit (Domitianus) aedem in Capitolio Custodi Iovi et forum, quod nunc Nervae
vocatur, item Flaviae templum gentis et stadium et
odium et naumachiam, e cuius postea lapide Maximus Circus deustis utrimque lateribus extructus est.
Sueton (ca. 75 – ca. 150), Domitian 5

GRIECHISCHE WETTKÄMPFE IM NEUEN STADION
Instituit et quinquennale certamen Capito-
lino Iovi triplex, musicum equestre gym-

Paul III. (Alessandro Farnese, 1534–1549): Schweigegeld
Früher gab man Dichtern viel Geld für rühmende Lieder.
   Paul, wie viel gibst du mir, dass ich nur über dich schweig?

Pius V. (Michele Ghislieri, 1566–1572): Rarität
Papst Pius der Fünfte ist tot. Wie seltsam, dass unter so vielen
   Päpsten in Rom nur fünf wirkliche fromme es gab.

Urban VIII. (Maffeo Barberini, 1623–1644): Ewige Schande
Was die Barbaren nicht taten, haben die Barberini getan.

Pius VI. (Giovan Angelo Braschi, 1775–1799): Stifter der Tünche
Pius VI. hat diese Tünche
von Grund auf errichten lassen.

*der Name «Navona». Das Stadion hatte keine Mauer (spina) in der
Mitte; der Obelisk auf dem mittleren Brunnen gehört nicht zur antiken
Anlage, die etwa sechs Meter unter der heutigen Piazza liegt. – Das
Stadion war 275 m lang und 106 m breit und fasste 30000 Zuschauer.
Die Außenseite bestand aus zwei Stockwerken mit Arkaden.*

Neu erbaute Domitian auf dem Kapitol einen Tempel für
Jupiter den Wächter und das Forum, das jetzt Nerva-Forum
heißt, ferner den Tempel der Flavischen Familie, ein Stadion, ein Odeon und eine Naumachie, aus deren Steinen
später der Circus Maximus, als er auf beiden Seiten nieder-
brannte, wieder aufgebaut wurde.

Er führte auch einen alle fünf Jahre stattfindenden Wettkampf für den Kapitolinischen Jupiter ein, der aus drei Tei-

nicum, et aliquanto plurium quam nunc
est coronatorum. Certabant enim et prosa
oratione Graece Latineque ac praeter citharo-
edos chorocitharistae quoque et psilo-
citharistae, in stadio vero cursu etiam
virgines.
Certamini praesedit crepidatus purpureaque
amictus toga Graecanica, capite gestans coronam
auream cum effigie Iovis ac Iunonis Miner-
vaeque, adsidentibus Diali sacerdote et collegio
Flavialium pari habitu, nisi quod illorum coronis
inerat et ipsius imago.
Sueton (ca. 75 – ca. 150), Domitian 4

Spiele auch in der Neuzeit

*Im Mittelalter verfiel das Stadion. Auf den Zuschauerrängen wurden
einzelne Häuser errichtet, dazwischen lagen Gärten, die Substruktionen wurden als «cryptae» bezeichnet. Auf der Piazza befanden sich
kleine Gärten mit einigen Hütten und einem Brunnen. Das neue*
Est et locus ingens plebis receptaculum (hodie
Agonem appellant) ad venationes et spectacula
editus, in quo et hodie quoque Romani quot-
annis ludos, licet insulse, quosdam exercent.
Poggio Bracciolini (1380–1459), De varietate Fortunae

Karneval 1487

Feria quinta, 22 februarii fuit pulcherrimum
festum in Agone more romano. Interfuerunt octo
carruche triumphales bene ornate diversarum
representationum. His diebus, ut vulgo dicebatur,
cardinales s. Georgii, Parmensis, Columna et
Ascanius pluries equitarunt larvati, aliquando
omnes simul, aliquando alius cum alio.
Johannes Burchard (gest. 1506) , Diarium

len bestand, einem musischen, einem Reiter- und einem gymnastischen, mit viel mehr Preisträgern als jetzt. Es gab nämlich auch einen Wettbewerb in griechischer und lateinischer Prosa und außer Einzelgesang zur Laute auch Lautenspieler als Begleiter des Chores oder als Solisten; im Stadion aber gab es auch Wettrennen von Mädchen. Domitian leitete den Wettkampf. Dabei hatte er Sandalen an und eine Purpurtoga nach griechischer Art, und auf dem Kopf trug er eine goldene Krone mit dem Bild Jupiters, Junos und Minervas. Neben ihm saßen der Jupiterpriester und das Priesterkollegium der Flavischen Familie in gleicher Kleidung, außer dass auf ihren Kronen auch ein Bild des Kaisers war.

Leben begann in der zweiten Häfte des 15. Jh., vor allem als der Markt vom Kapitol hierher verlegt wurde (1477). Die Piazza Navona war nun der größte Platz der Renaissance-Stadt. Hier gab es Karnevalspiele, Wettrennen, Turniere und Theateraufführungen, so dass das Stadion seiner alten Bestimmung zurückgegeben wurde.
Es gibt einen riesigen Platz, auf dem sich das Volk versammelt (heute heißt er Agon) und auf dem Tierhetzen und Schauspiele veranstaltet wurden. Auch heute noch führen die Römer jedes Jahr dort bestimmte Spiele auf, wenn auch in geschmackloser Art.

Am Donnerstag, dem 22. Februar, gab es auf der Piazza Navona ein sehr schönes Fest nach römischem Brauch. Es nahmen acht schön geschmückte Triumphwagen teil, die verschiedene Themen bildlich darstellten. An diesen Tagen ritten, wie es allgemein hieß, die Kardinäle De S. Giorgio, Parma, Colonna und Ascanio mehrmals maskiert über den Platz, manchmal alle zusammen, manchmal der eine mit dem anderen.

Vierflüssebrunnen

*Mit seinem Entwurf für den Brunnen in der Mitte der Piazza Navona
gewann Bernini wieder die Gunst des Pamphili-Papstes Innozenz X.,
der zunächst Borromini mit dem Projekt beauftragt hatte. 1651 war
Berninis Brunnen vollendet. Der Obelisk stammt aus dem Zirkus des*

INNOCENTIVS DECIMVS PONT MAX NILOTICIS
AENIGMATIBVS EXARATVM LAPIDEM AMNIBVS SVBTER
LABENTIBVS IMPOSVIT VT SALVBREM SPATIANTIBVS
AMOENITATEM SITIENTIBVS POTVM MEDITANTIBVS
ESCAM MAGNIFICE LARGIRETVR

INNOCENTIVS DECIMVS PONT MAX NATALI DOMO
PAMPHILIA OPERE CVLTVQ AMPLIFICATA LIBERATAQ
INOPPORTVNIS AEDIFICIIS AGONALI AREA FORVM VRBIS
CELEBERRIMVM MVLTIPLICI MAIESTATIS INCREMENTO
NOBILITAVIT

OBELISCVM AB IMP ANT CARACALLA ROMAM ADVECTVM
CVM INTER CIRCI CASTRENSIS RVDERA CONFRACTVS
DIV IACVISSET INNOCENTIVS DECIMVS PONT OPT MAX
AD FONTIS FORIQ ORNATVM TRANSTVLIT INSTAVRAVIT
EREXIT ANNO SAL MDCLI PONTIF VII

NOXIA AEGYPTIORVM MONSTRA INNOCENS PREMIT
COLVMBA QVAE PACIS OLEAM GESTANS ET VIRTVTVM
LILIIS REDIMITA OBELISCVM PRO TROPHEO SIBI
STATVENS ROMAE TRIVMPHAT

Marsfeld

*Maxentius an der Via Appia. Die vier über fünf Meter hohen Figuren,
die nach Berninis Entwürfen geschaffen wurden, stellen den Ganges,
die Donau, den Nil und den Rio della Plata dar. Auf der Spitze des
Obelisken befindet sich das Wappen der Pamphili, die Taube mit dem
Ölzweig. Auf seiner Basis stehen folgende Inschriften:*

Papst Innozenz X. stellte den mit rätselhaften ägyptischen
Zeichen beschrifteten Stein auf die darunter fließenden
Wasser, um den Passanten einen gesunden und schönen
Platz, den Dürstenden Trank und den Nachdenklichen
Nahrung großmütig zu schenken.

Papst Innozenz X. hat, nachdem er den Palazzo Pamphili,
sein Geburtshaus, kunstvoll und prächtig vergrößert und
die Piazza Navona von unpassenden Gebäuden befreit hatte,
dem berühmtesten Platz der Stadt durch vielfache Steige-
rung der Pracht zu noch mehr Ansehen verholfen.

Den Obelisken, der von Kaiser Antoninus Caracalla nach
Rom gebracht worden war, ließ Papst Innozenz X., nachdem er im Schutt des Zirkus des Maxentius lange Zeit in
mehrere Teile zerbrochen gelegen war, zum Schmuck des
Brunnens und des Platzes versetzen, restaurieren und
aufrichten im Jahre des Heiles 1651, dem siebten Jahr
seines Pontifikats.

Die verderblichen Zeichen der Ägypter bringt die unschuldige Taube zum Schweigen, die den Ölzweig des Friedens
tragend und mit den Lilien der Tugenden bekränzt sich
den Obelisken als Siegeszeichen errichtet und so in Rom
triumphiert.

Im Altertum soll es in den Arkaden unter den Sitzreihen des Stadions
Bordelle gegeben haben. In einem davon soll sich 258/9 oder 304 das

Agnes virgo prudentissima, ut testatur Ambrosius, qui ejus passionem scripsit. XIII. anno
aetatis suae mortem perdidit et vitam invenit.
(...) Quae dum a scholis revertitur, a praefecti
filio adamatur. Cui ille gemmas et divitias
innumerabiles promisit, si consensum ejus con-
jugio non negaret. Cui Agnes responsit: «Dis-
cede a me fomes peccati, nutrimentum facinoris,
pabulum mortis, quia jam ab alio amatore
praeventa sum», coepitque ipsum suum ama-
torem et sponsum a quinque commendare,
quae sponsae in sponsis praecipue requirunt,
scilicet a nobilitate generis, a decore pulchritudinis, a divitiarum abundantia, a fortitudine
et potentiae efficacia et ab amoris excellentia,
sic dicens: «Illum amo, qui longe te nobilior
est et genere dignior, cuius mater virgo est,
cuius pater feminam nescit, cui angeli serviunt,
cujus pulchritudinem sol et luna mirantur,
cujus opes nunquam deficiunt, cujus nunquam
divitiae decrescunt, cuius odore reviviscunt
mortui, cujus tactu confortantur infirmi, cujus
amor castitas est, tactus sanctitas, unio vir-
ginitas. (...).»
Audiens haec insanus juvenis lecto proster-
nitur et quod amore aegrotet, per alta suspiria
medicis aperitur, cumque pater juvenis eadem
virgini replicaret et illa prioris sponsi foedera
se violare non posse assereret, coepit praefectus inquirere, quis esset ille sponsus, de cujus
se Agnes potestate jactaret. Cum ergo quidam

Martyrium der heiligen Agnes ereignet haben, einer 13jährigen Rö-
merin, die der Stadtpräfekt zur Prostitution zwingen wollte, weil sie
nicht bereit war, der Vesta zu opfern.

Agnes war ein sehr kluges Mädchen, wie Ambrosius bezeugt, der ihre Passion aufgeschrieben hat. Als sie dreizehn
Jahre alt war, verlor sie den Tod und fand das Leben. (...)
Als sie einmal von der Schule nach Hause ging, verliebte
sich der Sohn des Präfekten in sie. Er versprach ihr Edelsteine und unendlichen Reichtum, wenn sie ihm das Ja-
wort zur Heirat gebe. Agnes antwortete ihm: « Weiche von
mir, Zunder der Sünde, Nährstoff des Verbrechens, Futter
des Todes. Ein anderer Liebhaber ist dir nämlich zuvor-
gekommen. » Und sie begann ihren Liebhaber und Ver-
lobten wegen der fünf Eigenschaften zu preisen, die eine
Braut von ihrem Bräutigam hauptsächlich verlangt: die
edle Herkunft, den Glanz der Schönheit, den Überfluss an
Reichtum, die Tapferkeit, den Erfolg der Macht und die
außerordentliche Liebe. Sie sagte: «Ich liebe einen,
der viel edler und aufgrund seiner Herkunft viel würdiger
ist als du. Seine Mutter ist eine Jungfrau, sein Vater hat
keine Frau berührt, die Engel dienen ihm, Sonne und
Mond bewundern seine Schönheit. Seine Macht erlahmt
nie, sein Reichtum nimmt nie ab, von seinem Duft werden Tote wieder lebendig, seine Berührung macht die
Schwachen stark, seine Liebe ist Keuschheit, seine Berührung Heiligkeit, die Vereinigung mit ihm ist Jungfräulichkeit. (...)»
Sowie der junge Mann das hörte, warf er sich ganz von
Sinnen auf sein Bett, und aus seinen tiefen Seufzern
wurde den Ärzten offenbar, dass er vor Liebe krank war.
Und als sein Vater dies dem Mädchen erzählte und sie
behauptete, sie könne den Bund mit ihrem ersten Bräutigam nicht verletzen, da fragte der Präfekt, wer dieser
Bräutigam sei, dessen Macht sich Agnes rühmte. Als je-

assereret, quod Christum sponsum suum
diceret, blandis prius sermonibus, demum
terroribus eam pulsat. Cui Agnes: «Quidquid vis, age, quia quod quaeris, non poteris
obtinere.» Ipsum enim terrentem et blandien-
tem similiter deridebat. Cui praefectus:
«Unum tibi de duobus elige, aut cum vir-
ginibus Deae Vestae sacrificia, si tibi vir-
ginitas placet, aut cum meretricibus scor-
taberis.» Quia enim nobilis erat, vim sibi
inferre non poterat et ideo titulum sibi
christianitatis opposuit. Cui illa: «Nec sacri-
ficabo Diis tuis, nec sordibus polluar alienis,
mecum enim habeo custodem corporis mei,
angelum domini.» Tunc praefectus jussit
eam exspoliari et nudam ad lupanar duci.
Tantam autem densitatem capillis ejus domi-
nus contulit, ut melius capillis quam vestibus
tegeretur.
Ingressa autem turpitudinis locum angelum
domini praeparatum invenit, qui locum clari-
tate nimia circumfulsit sibique stolam candi-
dissimam praeparavit. Sicque lupanar fit locus
orationis, adeo ut mundior exiret, quam fuisset
ingressus qui immenso lumini dabat honorem.
Praefecti autem filius cum aliis juvenibus ad
lupanar venit et eos prius ad ipsam invitavit.
Qui ingressi, sed ex miraculo territi, com-
puncti redierunt, quos ille miseros appellans
et ad eam furens intrans, cum eam vellet con-
tingere, in ipsum lumen irruit. Qui cum Deo
non dedisset honorem, praefocatus a dybulo
exspiravit.
Quod praefectus audiens cum ingenti ploratu

mand sagte, sie nenne Christus ihren Bräutigam, da
setzte er ihr erst mit Schmeicheleien, dann mit Drohungen zu. Agnes sagte zu ihm: «Tu, was du willst, denn
was du verlangst, wirst du nicht bekommen können.»
Und sie spottete über seine Drohungen genauso wie über
seine Schmeicheleien. Da sagte der Präfekt zu ihr:
«Wähle dir eines von beidem: Bring der Göttin Vesta zusammen mit den Vestalinnen ein Opfer dar, wenn dir an
deiner Jungfräulichkeit liegt, oder geh mit den Huren
auf den Strich.» Weil sie von adliger Herkunft war, konnte er ihr keine Gewalt antun und machte ihr gegenüber
den Vorwand geltend, sie sei eine Christin. Agnes sprach
zu ihm: «Weder werde ich deinen Göttern ein Opfer
bringen, noch werde ich mich mit der Unreinheit anderer
beflecken. Denn ich habe einen Wächter meines Körpers
bei mir, den Engel des Herrn.» Da ließ der Präfekt sie ent-
kleiden und nackt ins Bordell führen. Aber der Herr machte
ihre Haare so dicht, dass sie von den Haaren besser bedeckt war als von ihren Kleidern.
Als sie den Ort der Schande betrat, fand sie den Engel
des Herrn bereit, der den Ort mit gewaltiger Helligkeit
rings erleuchtete und ihr ein Kleid von hellstem Glanz gab.
Und so wurde das Bordell zum Ort des Gebets, so dass,
wer dem unermesslichen Licht Ehre erwies, reiner das
Haus verließ, als er es betreten hatte.
Der Sohn des Präfekten kam mit anderen jungen Männern zu dem Bordell und forderte sie auf, zuerst zu Agnes
zu gehen. Sie gingen hinein, aber das Wunder versetzte
sie in Schrecken, und sie kamen zerknirscht zurück. Da
nannte er sie elende Feiglinge und ging wütend zu ihr
hinein. Aber als er sie berühren wollte, fiel das Licht über
ihn selbst. Weil er Gott nicht seine Ehre erwiesen hatte,
erwürgte ihn der Teufel, und er starb.
Als der Präfekt das hörte, ging er unter ungeheurem

ad eam venit et causam mortis ejus diligentius
sciscitatur.

Cui Agnes: «Ille, cujus voluntatem volebat
perficere, potestatem in eum accepit et occidit,
nam socii ejus de viso miraculo territi redierunt illaesi.» Cui praefectus: «In hoc
apparebit, quod non magicis artibus hoc egisti,
si impetrare poteris, ut resuscitetur.»

Orante Agnete juvenis resuscitetur et
Christus ab eo publice praedicatur. Ad hoc
templorum pontifices seditionem excitantes
in populo exclamaverunt: «Tolle magam,
tolle maleficam, quae mentes mutat et animos alienat.»

Praefectus autem viso tanto miraculo eam
liberare voluit, sed proscriptionem metuens
vicarium dereliquit et, quia eam liberare non
potuit, tristis abscessit.

Tunc vicarius, Aspasius nomine, iussit eam
in copiosum ignem jactari, sed in duas partes
flamma divisa seditiosum populum exurebat
et eam minime contingebat.

Tunc Aspasius in gutture ejus gladium immergi
praecepit et sic sponsus candidus et rubicundus
ipsam sibi sponsam et martirem consecravit.

Passa est autem, ut creditur, tempore Constantini
magni, qui coepit anno domini CCCIX.

Jacobus a Voragine (1228–1298), Legenda Aurea

Wehklagen zu Agnes und erkundigte sich genauer nach dem Grund, warum sein Sohn gestorben war.

Agnes sagte zu ihm: «Der, dessen Willen er vollziehen wollte, hat Macht über ihn gewonnen und ihn getötet, denn seine Freunde sind, als sie das Wunder sahen, in Schrecken geraten und unverletzt zurückgekehrt.» Darauf sagte der Präfekt zu ihr: «Wenn du es schaffst, ihn wieder zum Leben zu erwecken, dann ist es klar, dass du das nicht mit Zauberkünsten getan hast.»

Agnes betete, der junge Mann möge wieder zum Leben erweckt werden, und Christus wurde von ihm vor allen Leuten gerühmt. Daraufhin führten die Tempelpriester einen Aufstand im Volk herbei und riefen: «Töte die Hexe, töte die Zauberin, die den Menschen die Sinne verdreht und sie wahnsinnig macht.»

Als der Präfekt aber das gewaltige Wunder sah, wollte er sie freisprechen, doch weil er fürchtete geächtet zu werden, ließ er einen Stellvertreter den Fall übernehmen, und weil er sie nicht befreien konnte, ging er betrübt davon. Darauf ließ sie der Stellvertreter namens Aspasius in ein gewaltig loderndes Feuer werfen, doch die Flamme teilte sich in zwei Teile und versengte das empörte Volk, ohne Agnes auch nur im geringsten zu ergreifen.

Da befahl Aspasius, ihr ein Schwert in die Kehle zu stoßen, und so weihte der leuchtende und rote Bräutigam sie zu seiner Braut und zur Märtyrerin. Sie erlitt ihre Passion, wie man annimmt, zur Zeit Konstantins des Großen, dessen Regierung im Jahr des Herrn 309 begann.

Pantheon

DER NEUBAU UNTER HADRIAN

Romae instauravit Pantheum, saepta, basilicam
Neptuni, sacras aedes plurimas, forum Augusti,
lavacrum Agrippae, eaque omnia propriis aucto-
rum nominibus consecravit.

Historia Augusta (4./5 Jahrhundert n. Chr.), Hadrian 19, 10

DIE INSCHRIFTEN AUF DEM GIEBEL

M AGRIPPA L F COS TERTIVM FECIT

IMP CAES L SEPTIMIVS SEVERVS PIVS PERTINAX AVG
ARABICVS ADIABENICVS PARTHICVS MAXIMVS PONTIF
MAX TRIB POTEST X IMP XI COS III P P PROCOS ET
IMP CAES M AVRELIVS ANTONINVS PIVS FELIX AVG
TRIB POTESTAT V COS PROCOS PANTHEVM VETVSTATE
CORRVPTVM CVM OMNI CVLTV RESTITVERVNT

CIL 6.896

URSPRUNG DES ALLERHEILIGENFESTES

*Das Pantheon war der erste Tempel, der in eine Kirche umgewandelt
wurde: Der byzantinische Kaiser Phokas, in dessen Besitz die öffent-*
Venit Bonifatius papa tempore Foce imperatoris
christiani. Videns illud templum ita mirabile dedicatum ad honorem Cibeles matris deorum, ante quod
multotiens a demonibus Christiani percutiebantur,
rogavit papa imperatorem, ut condonaret ei hoc
templum, ut, sicut in kalendis novembris dedicatum

Das Pantheon wurde von Marcus Agrippa, dem Schwiegersohn des Augustus, im Jahr 25 v. Chr. erbaut. Um 125 errichtete Hadrian nach einem Brand den heute noch stehenden Kuppelbau.

In Rom restaurierte Hadrian das Pantheon, das Wahllokal, die Basilika des Neptun, sehr viele Tempel, das Augustusforum, die Thermen des Agrippa, und weihte all dies unter den jeweiligen Namen der Gründer ein.

Marcus Agrippa, Sohn des Lucius, hat, als er zum dritten Mal Konsul war, diesen Tempel erbauen lassen.

Kaiser Lucius Septimius Severus Pius Pertinax Augustus, Sieger über die Araber, Adiabener und Parther, Maximus, Oberpriester, zehnmal im Besitz der tribunizischen Gewalt, elfmal siegreicher Feldherr, dreimal Konsul, Vater des Vaterlandes, Prokonsul, und Kaiser Marcus Aurelius Antoninus Pius Felix Augustus, fünfmal im Besitz der tribunizischen Gewalt, Konsul und Prokonsul, haben das vom hohen Alter beschädigte Pantheon mit aller Pracht renoviert.

lichen Gebäude Roms damals noch waren, schenkte es im Jahr 608 dem Papst Bonifaz IV., der die Reliquien vieler Märtyrer dort bestattete und den Tempel zur Kirche S. Maria ad Martyres weihte.
Zur Zeit des christlichen Kaisers Phokas kam dann Papst Bonifaz. Als er den wunderbaren Tempel sah, der der Göttermutter Kybele geweiht war, bat der Papst den Kaiser, er möge ihm, weil die Christen davor oftmals von bösen Geistern ergriffen wurden, diesen Tempel schenken, damit er ihn, der am 1. November der Götter-

fuit ad honorem Cibeles matris deorum, sic illud
dedicaret in kalendis novembris ad honorem beate
Marie semper virginis, que est mater omnium
sanctorum. Quod Cesar ei concessit, et papa cum
omni Romano populo in die kalendis novembris
dedicavit; et statuit, ut in isto die Romanus pontifex
ibi celebraret missam et populus accipiat corpus et
sanguinem Domini, sicut in die Natalis Domini;
et in isto die omnes sancti cum matre sua Maria
semper virgine et celestibus spiritibus habeant festi-
vitatem et defuncti habeant per ecclesias totius mundi
sacrificium pro redemptione animarum suarum.
Mirabilia urbis Romae

Plünderung des vergoldeten Daches

Pantheon autem brevi transitu pretereo, quod
quondam erat idolium omnium deorum, immo
demonum. Que domus nunc dedicata ecclesia in
honore omnium sanctorum Sancta Maria Rotunda
vocatur (...). Hec quidem habet porticum spaciosam
multis et mire altitudinis columpnis marmoreis
sustentatam. Ante quam conche et vasa alia miranda de marmore porfirico et leones et cetera signa
de eodem marmore usque in hodiernum diem per-
durant. Huius domus latitudinem ipse mensus sum
habetque spacium CCLXVI pedum in latitudine.
Cuius quondam tectum deauratum fuit per totum,
set inmoderatus amor habendi et auri sacra fames
Romani populi aurum abrasit et templum deorum
suorum deturpavit. Qui ob inexplebilem cupidita-
tem, dum aurum sitivit et sitit, a nullo scelere
manum retraxit et retrahit.
*Magister Gregorius (12./13. Jh.), Narracio de mirabilibus
urbis Romae*

Marsfeld

mutter Kybele geweiht worden war, nun am 1. November der allzeit jungfräulichen heiligen Maria weihen könne, die die Mutter aller Heiligen ist. Der Kaiser überließ ihm den Tempel, und der Papst weihte ihn mit dem ganzen römischen Volk am 1. November ein. Und er setzte fest, dass der Papst an diesem Tag dort die Messe feiern und das Volk Leib und Blut des Herrn empfangen solle, ebenso am Weihnachtstag. Und an diesem Tag sollten alle Heiligen mit ihrer allzeit jungfräulichen Mutter Maria und mit den himmlischen Geistern ihr Fest feiern, und die Toten sollten in den Kirchen der ganzen Welt ein Messopfer für die Erlösung ihrer Seelen erhalten.

Vom Pantheon will ich nur beiläufig berichten. Es war einst der Tempel aller Götter, vielmehr der Götzen. Jetzt ist dieses Gebäude eine Kirche zu Ehren aller Heiligen und heißt Santa Maria Rotonda (...). Sie hat eine geräumige Vorhalle, die von vielen erstaunlich hohen Marmorsäulen getragen wird. Davor stehen bis auf den heutigen Tag Schalen und andere wunderbare Gefäße aus Pophyr, und Löwen und andere Statuen aus demselben Stein. Ich habe die Breite des Gebäudes selbst gemessen: Sie beträgt 266 Fuß. Das Dach war einst ganz vergoldet, doch maßlose Habgier und der verfluchte Hunger des römischen Volkes nach Geld haben das Gold abgekratzt und den Tempel der eigenen Götter verunstaltet. Dieses Volk hat wegen seiner unersättlichen Gier in seinem früheren und gegenwärtigen Durst nach Gold seine Hand vor keinem Frevel zurückgezogen und tut dies auch heute nicht.

Inschriften in der Vorhalle des Pantheon

VRBANVS VIII PONT. MAX. VETVSTAS AHENI LACVNA-
RIS RELIQVIAS IN VATICANAS COLVMNAS ET BELLICA
TORMENTA CONFLAVIT VT DECORA INVTILIA ET
IPSI PROPE FAMAE IGNOTA FIERENT IN VATICANO
TEMPLO APOSTOLICI SEPVLCHRI ORNAMENTA IN
ADRIANA ARCE INSTRVMENTA PVBLICAE SECVRITATIS
ANNO DOMINI MDCXXXII PONTIF. IX

PANTHEON AEDIFICIVM TOTO TERRARVM ORBE
CELEBERRIMVM AB AGRIPPA AVGVSTI GENERO IMPIE
IOVI CETERISQ. MENDACIBVS DIIS A BONIFACIO IIII
PONTIFICE DEIPARAE ET SS. CHRISTI MARTYRIBVS
PIE DICATVM VRBANVS VIII PONT. MAX. BINIS AD
CAMPANI AERIS VSVM TVRRIBVS EXORNAVIT ET NOVA
CONTIGNATIONE MVNIVIT ANNO DOMINI MDCXXXII
PONTIF. IX

Raffaels Grab im Pantheon
*Das Pantheon ist nicht nur die Grablege der italienischen Könige
Vittorio Emanuele II. (gest. 1878) und seines am 29. Juli 1900*
ILLE HIC EST RAPHAEL TIMVIT QVO SOSPITE VINCI
   RERVM MAGNA PARENS ET MORIENTE MORI
Pietro Bembo (1470–1547)

Grab des Malers Carracci

DOM HANNIBAL CARACCIVS BONONIENSIS HIC
EST RAPHAELI SANCTIO VRBINATI VT ARTE INGENIO
FAMA SIC TVMVLO PROXIMVS PAR VTRIQVE FVNVS
ET GLORIA DISPAR FORTVNA AEQVAM VIRTVTI
RAPHAEL TVLIT HANNIBAL INIQVAM DECESSIT

Papst Urban VIII. hat die alten Reste der Kassettendecke aus Bronze für Säulen in St. Peter und Kanonen einschmelzen lassen, damit der nutzlose Schmuck, den fast niemand kannte, in St. Peter eine Zierde des Apostelgrabes werde und auf der Engelsburg ein Mittel der öffentlichen Sicherheit. Im Jahre des Herrn 1632, dem neunten Jahr seines Pontifikats.

Das Pantheon, das berühmteste Bauwerk der ganzen Welt, das von Agrippa, dem Schwiegersohn des Augustus, in gottloser Art dem Jupiter und den übrigen erdichteten Göttern, von Papst Bonifaz IV. aber der Gottesgebärerin und den heiligen Märtyrern Christi in frommer Gesinnung geweiht worden ist, hat Papst Urban VIII. mit zwei Glockentürmen ausgestattet und mit neuem Gebälk gesichert. Im Jahre des Herrn 1632, dem neunten Jahr seines Pontifikats.

ermordeten Sohnes Umberto I., sondern auch mehrerer Künstler, wie Raffael (1483–1520) und Annibale Carracci (1560–1609), der die Fresken im Palazzo Farnese geschaffen hat.
Raffael ist hier begraben. Es fürchtete, als er noch lebte,
    Mutter Natur seinen Sieg, bei seinem Tod, dass sie stirbt.

Großer gütiger Gott, Annibale Carracci aus Bologna ruht hier, der Raffael Sanzio aus Urbino wie in Kunst, Begabung und Ruhm, so auch im Grab ganz nahe ist. Tod und Ruhm sind für beide gleich, ungleich war ihr Schicksal. Raffael hatte eines, das seiner Tüchtigkeit gewogen war, Annibale ein

DIE XV IVLII AN MDCIX AET XXXXIX CAROLVS
MARATTVS SVMMI PICTORIS NOMEN ET STVDIA COLENS
P AN MDCLXXIV

ARTE MEA VIVIT NATVRA ET VIVIT IN ARTE
   MENS DECVS ET NOMEN COETERA MORTIS ERANT

Inschrift am Haus gegenüber der Vorhalle

PIVS VII P M AN PONTIFICATVS SVI XXIII AREAM
ANTE PANTHEON M AGRIPPAE IGNOBILIBVS TABERNIS
OCCVPATAM DEMOLITIONE PROVIDENTISSIMA
AB INVISA DEFORMITATE VINDICAVIT ET IN
LIBERVM LOCI PROSPECTVM PATERE IVSSIT

S. Maria sopra Minerva

Grab des Malers Fra Angelico

HIC. IACET. VENE(RABILIS) PICTO(R) IO(ANNES)
DE FLO(RENTIA) ORD(IN)IS P(RAE)DICATO(RUM)

NON MIHI SIT LAVDI QVOD ERAM VELUT ALTER APELLES
   SED QVOD LVCRA TVIS OMNIA CHRISTE DABAM
ALTERA NAM TERRIS OPERA EXTANT ALTERA CAELO
   VRBS ME IOANNEM FLOS TVLIT ETRVRIAE
MCCCCLV   *Verfasser wohl Lorenzo Valla*

schweres. Er starb am 15. Juli 1609 mit 49 Jahren. Carlo
Maratta ließ dies in Verehrung des Namens und der
Kunst dieses großen Malers im Jahre 1674 anbringen.

Durch meine Künste lebt die Natur, und in meinen Künsten
Name, Schönheit und Geist; sonst gehört alles dem Tod.

Papst Pius VII. hat im 23. Jahr seines Pontifikats den Platz
vor dem Pantheon des Marcus Agrippa, der von unansehn-
lichen Buden in Beschlag genommen war, durch behut-
samen Abriss von der unerwünschten Verunstaltung befreit
und öffnen lassen, so dass nun freie Aussicht über den
Platz möglich ist.

*Schon um 800 gab es in der Nähe eine Marienkirche, die auf den Rui-
nen des östlich der heutigen Kirche gelegenen Tempels der Minerva
Chalcidica errichtet worden war. 1280 begann man auf dem Grund der
Saepta, des republikanischen Wahllokals, mit dem Bau einer größeren
Kirche, der einzigen gotischen Kirche Roms.*

Hier liegt der verehrungswürdige Maler Giovanni aus
Florenz aus dem Dominikanerorden.

Das sei nicht mein Ruhm, dass ich war wie ein zweiter Apelles,
    sondern dass allen Gewinn, Christus, den Deinen ich gab.
Denn auf Erden gilt dies, das andere Werk gilt im Himmel.
    Mich hat etrurischen Lands Blüte ins Leben gebracht.
1455

VETEREM OBELISCVM PALLADIS AEGYPTIAE
MONVMENTVM E TELLVRE ERVTVM ET IN MINERVAE
OLIM NVNC DEIPARAE GENITRICIS FORO ERECTVM
DIVINAE SAPIENTIAE ALEXANDER VII DEDICAVIT
ANNO SAL MDCLXVII

SAPIENTIS AEGYPTI INSCVLPTAS OBELISCO FIGVRAS
AB ELEPHANTO BELLVARVM FORTISSIMA GESTARI
QVISQVIS HIC VIDES DOCVMENTVM INTELLEGE
ROBVSTAE MENTIS ESSE SOLIDAM SAPIENTIAM
SVSTINERE

Piazza Montecitorio

DIE SONNENUHR DES AUGUSTUS

*Der Obelisk vor dem Palazzo di Montecitorio, der seit 1871 Sitz des
italienischen Parlamentes ist, war der Zeiger (Gnomon) der von Augustus angelegten riesigen Sonnenuhr auf dem Marsfeld. Teile eines
unter Domitian erhöhten Steinbodens mit eingelegten Bronzelinien*
Ei [obelisco], qui est in campo, divus
Augustus addidit mirabilem usum ad de-
prendendas solis umbras dierumque ac
noctium ita magnitudines, strato lapide ad
longitudinem obelisci, cui par fieret
umbra brumae confectae die sexta hora
paulatimque per regulas, quae sunt ex aere
inclusae, singulis diebus decresceret ac
rursus augesceret, digna cognitu res, in-

Der Obelisk wurde 1665 im Garten des Dominikanerkonvents aus-
gegraben. 1667 wurde die von Ercole Ferrata nach einem Modell
Berninis ausgeführte Plastik enthüllt. Auf der Basis steht:

Den alten Obelisken, ein Denkmal der ägyptischen Minerva, der aus der Erde ausgegraben und einst auf dem Platz
der Minerva, jetzt auf dem Platz der Gottesgebärerin aufgerichtet wurde, hat Alexander VII. der göttlichen Weisheit
geweiht, im Jahre des Heils 1667.

Wer hier sieht, dass die in den Obelisken eingemeißelten
Bilder eines ägyptischen Weisen von einem Elephanten,
dem kräftigsten aller Tiere, getragen werden, verstehe dies
als Beweis dafür, dass es einen kraftvollen Geist erfordert,
echte Weisheit auszuhalten.

und Beschriftungen hat man unweit vom heutigen Standort des Mo-
numents in einigen Metern Tiefe ausgegraben. Zur Zeit Karls des
Großen stand der Obelisk noch aufrecht. Um 1500 wurden Reste unter
der Erde entdeckt, aber erst 1748 ausgegraben. Wieder aufgestellt wur-
de der Obelisk unter Papst Pius VI. im Jahr 1792.

Dem Obelisken auf dem Marsfeld gab der vergöttlichte Augustus die merkwürdige Funktion, den Schatten der Sonne
und auf diese Weise die Länge der Tage und Nächte festzu-
stellen. Dazu ließ er der Länge des Obelisken entsprechend
ein Steinpflaster anlegen: am Tag der Wintersonnenwende
sollte der Schatten in der Mittagsstunde gleich lang sein
und allmählich nach den im Pflaster eingelassenen Linien
aus Bronze jeden Tag abnehmen und wieder zunehmen –
eine bemerkenswerte Anlage, nach einem genialen Einfall

genio Facundi Novi mathematici. Is apici
auratam pilam addidit, cuius vertice umbra
colligeretur in se ipsam, alias enormiter
iaculante apice, ratione, ut ferunt, a capite
hominis intellecta.

Haec observatio XXX iam fere annis non
congruit, sive solis ipsius dissono cursu et
caeli aliqua ratione mutato sive universa
tellure a centro suo aliquid emota, ut deprehen-
di et aliis in locis accipio, sive urbis tremori-
bus ibi tantum gnomone intorto sive inunda-
tionibus Tiberis sedimento molis facto, quamquam ad altitudinem inpositi oneris in terram
quoque dicuntur acta fundamenta.

Plinius d.Ä. (23/24 –79), Naturalis Historia 36, 72

Inschrift auf dem Obelisken des Horologium Augusti

IMP CAESAR DIVI F AVGVSTVS PONTIFEX MAXIMVS
IMP XII COS XI TRIB POT XIV AEGYPTO IN POTESTATEM
POPVLI ROMANI REDACTA SOLI DONVM DEDIT
CIL 6.702

PIVS VI PONT MAX OBELISCVM REGIS SESOSTRIDIS
A C CAESARE AVGVSTO HORARVM INDICEM IN CAMPO
STATVTVM QVEM IGNIS VI ET TEMPORVM VETVSTATE
CORRVPTVM BENEDICTVS XIIII P M EX AGGESTA HVMO
AMOLITVS RELIQVERAT SQVALORE DETERSO CVLTVQVE
ADDITO VRBI CAELOQVE RESTITVIT ANNO MDCCXCII
SACRI PRINCIPATVS EIVS XVIII

des Mathematikers Facundus Novius. Dieser setzte eine vergoldete Kugel auf die Spitze, in deren höchstem Punkt sich der Schatten in sich sammeln sollte; sonst hätte ihn die Spitze unregelmäßig geworfen, eine Theorie, auf die ihn, wie man sagt, der menschliche Kopf gebracht hatte. Diese Beobachtung stimmt nun schon seit fast 30 Jahren nicht mehr, weil entweder die Sonnenbahn unregelmäßig war und sich aus irgendeinem kosmischen Grund geändert hat oder weil sich die ganze Erde von ihrem Mittelpunkt etwas entfernt hat, was man, wie ich höre, auch an anderen Orten feststellt, oder weil der Zeiger durch die Erdbeben in der Stadt schief geworden ist oder weil sich der riesige Stein durch die Tiberüberschwemmungen gesenkt hat, obwohl die Fundamente in Entsprechung zur Höhe der darauf liegenden Last auch in die Erde gelegt sein sollen.

Kaiser Augustus, Sohn des Vergöttlichten, Oberpriester, zwölfmal siegreicher Feldherr, elfmal Konsul, vierzehnmal im Besitz der tribunizischen Gewalt, hat [diesen Obelisken], nachdem sich Ägypten dem römischen Volk unterworfen hatte, dem Sonnengott zum Geschenk gemacht.

Papst Pius II. hat den Obelisken des Königs Sesostris, der von Kaiser Augustus als Stundenzeiger auf dem Marsfeld aufgestellt war und den Papst Benedikt XIV., weil er von Feuergewalt und vom hohen Alter beschädigt war, nach der Bergung aus der aufgeschütteten Erde hatte liegen lassen, von Schmutz gereinigt, ausgebessert und für die Stadt und den Himmel wiederhergerichtet im Jahr 1792, dem 18. Jahr seiner heiligen Regierung.

Piazza Colonna

Quod de Romulo aegre creditum est, omnes pari
consensu praesumpserunt Marcum caelo receptum
esse. Ob huius honorem templa, columnae
multaque alia decreta sunt.
Aurelius Victor (4. Jahrhundert), Caesares 16, 14

INSCHRIFTEN AUF DER BASIS

M AVRELIVS IMP ARMENIS PARTHIS GERMANISQ
BELLO MAXIMO DEVICTIS TRIVMPHALEM
HANC COLVMNAM REBVS GESTIS INSIGNEM
IMP ANTONINO PIO PATRI DEDICAVIT

SIXTVS V PONT MAX COLVMNAM HANC AB
OMNI IMPIETATE EXPVRGATAM S PAVLO APOSTOLO
AENEA EIVS STATVA INAVRATA IN SVMMO VERTICE
POSITA D D A MDLXXXIX PONT IV

SIXTVS V PONT MAX COLVMNAM HANC
COCHLIDEM IMP ANTONINO DICATAM
MISERE LACERAM RVINOSAMQ PRIMAE
FORMAE RESTITVIT
A MDLXXXIX PONT IV

TRIVMPHALIS ET SACRA NVNC SVM
CHRISTI VERE PIVM DISCIPVLVM
FERENS QVI PER CRVCIS PRAEDICATIONEM DE
ROMANIS BARBARISQ TRIVMPHAVIT

Alle nehmen völlig einmütig an, dass Marcus – was man von Romulus kaum glauben wollte – in den Himmel aufgenommen wurde. Ihm zu Ehren wurden Tempel, Säulen und vieles andere beschlossen.

Die Säule wurde irrtümlich dem Kaiser Antoninus Pius zugeschrieben. Erst 1704 entdeckte man die Reste der wirklich diesem Kaiser geweihten Säule.

Kaiser Marc Aurel hat, nachdem die Armenier, Parther und Germanen in einem gewaltigen Krieg völlig besiegt waren, diese Triumphsäule, auf der die historischen Ereignisse dargestellt sind, seinem Vater Antoninus Pius geweiht.

Papst Sixtus V. hat diese Säule von aller Gottlosigkeit gereinigt und dem heiligen Apostel Paul nach der Aufstellung seiner vergoldeten Statue auf ihrer Spitze geweiht, im Jahr 1589, dem vierten seines Pontifikats.

Papst Sixtus V. hat diese dem Kaiser Antoninus geweihte Säule mit ihrer Wendeltreppe, die erbärmlich verstümmelt und verfallen war, in ihrer ursprünglichen Schönheit wiederhergestellt, im Jahr 1589, dem vierten Jahr seines Pontifikats.

Eine wirkliche Triumphsäule und wirklich geweiht bin ich nun, da ich den wahrhaft frommen Jünger Christi trage, der durch die Verkündigung des Kreuzes über die Römer und über die Barbaren triumphierte.

Via del Corso

Die Via del Corso erstreckt sich in einer Länge von 1500 Metern von der Porta del Popolo durch das Marsfeld bis an den Fuß des Kapitols. In der Antike war die Straße (Via Lata), deren Pflaster zum Teil sechs Meter unter dem heutigen liegt, von Tempeln und Gedenksäulen, vom

Inschrift am Haus Nr. 167

ALEXANDER VII PONTIF MAX VIAM LATAM FERIATAE
VRBIS HIPPODROMVM QVA INTERIECTIS AEDIFICIIS
IMPEDITAM QVA PROCURRENTIBVS DEFORMATAM
LIBERAM RECTAMQVE REDDIDIT PVBLICAE COM-
MODITATI ET ORNAMENTO ANNO SAL MDCLXV

Fontana di Trevi

Die Fontana di Trevi wird von der antiken Aqua Virgo gespeist, die Agrippa 19 v. Chr. anlegen ließ, um seine Thermen südlich des Pantheons mit Wasser zu versorgen. Im Mittelalter verfiel das letzte Stück der auf Bogen geführten Leitung, so dass sie dort endete, wo sich heute die Fontana di Trevi befindet. Ein schlichter Brunnen versorgte die auf das Gebiet des Tiberknies geschrumpfte Stadt mit Wasser. 1453 restau-

Die Inschriften auf der Fontana di Trevi

CLEMENS XII PONT. MAX. AQVAM VIRGINEM COPIA
ET SALVBRITATE COMMENDATAM CVLTV MAGNIFICO
ORNAVIT ANNO DOMINI MDCCXXXV PONTIF. VI.

PERFECIT BENEDICTVS XIV. PON. MAX.

*Friedensaltar und der Sonnenuhr des Augustus und (weil außerhalb
der Stadtgrenze) von Grabmälern gesäumt und von Triumphbögen
überspannt. Der Name kommt von den Pferderennen, die seit 1466 hier
abgehalten wurden. Der Karneval fand ebenfalls auf dem Corso statt.*

Papst Alexander VII. hat die Via Lata [Breite Straße], die
Pferderennbahn der festlichen Stadt, die teils durch im Weg
stehende Gebäude beengt, teils durch vorspringende Bauten
verunstaltet war, zum allgemeinen Nutzen und Schmuck
freilegen und begradigen lassen, im Jahre des Heils 1665.

*rierte Nikolaus V. die Leitung und verschönerte den Brunnen, 1643
riss Bernini im Auftrag von Urban VIII. den Renaissancebrunnen ab
und verlegte ihn an die Stelle, an der er heute steht, doch erst Nicola
Salvi (1699–1751) gab der ehrwürdigen Wasserleitung, die als einzige
immer in Betrieb war, eine prächtige «Mostra», wie das Wasserkastell
eines Aquädukts heißt. Erst 1762 war der Brunnen vollendet.*

Papst Clemens XII. hat die durch ihre Fülle und Heilkraft
geschätzte Aqua Virgo mit großer Pracht geschmückt im
Jahr des Herrn 1735, dem sechsten seines Pontifikats.

Papst Benedikt XIV. hat [den Brunnen] vollendet.

Via del Corso · Fontana di Trevi

POSITIS SIGNIS ET ANAGLYPHIS TABVLIS IVSSV
CLEMENTIS XIII PONT MAX OPVS CVM OMNI CVLTV
ABSOLVTVM A DOM MDCCLXII

Agrippa lässt die Aqua Virgo anlegen

Idem [Agrippa] cum iam tertio consul fuisset, C.
Sentio Q. Lucretio consulibus, post annum tertium
decimum quam Iuliam deduxerat, Virginem quoque in agro Lucullano collectam Romam perduxit.
Die quo primum in urbem responderit, quinto
Idus Iunias invenitur. Virgo adpellata est, quod
quaerentibus aquam militibus puella virguncula
venas quasdam monstravit, quas secuti qui fode-
rant ingentem aquae modum vocaverunt. Aedicula
fonti adposita hanc originem pictura ostendit.
Frontinus, De aquaeductu urbis Romae 10,1

Restaurierung der Virgo unter Papst Hadrian I.

Hic idem almissimus praesul, divina inspiratione
repletus atque misericordia motus, forma quae
Virginis appellatur, dum per annorum spatia de-
molita atque a ruinis plena existebat, vix modica
aqua in urbe Roma ingrediebat, prospiciens sicut
benignus et pius pastor, a noviter eam restauravit,
et tantam aquam abundantiae praefulsit, qui poene
totam civitatem satiavit.
Liber Pontificalis (zu Papst Hadrian I., 772–795)

Über ein Jahrhundert nur eine Wasserleitung

Sola ex his [aquis] Virgo hodie in urbem fluit, quae
a milliario octavo concipitur; ceterae intermissae
collapsaeque sunt nonnullis solo aequatis amissaque
non solum forma, sed etiam dignoscendi coniectura.
Poggio Bracciolini (1380–1459), De varietate Fortunae

Marsfeld

Mit der Aufstellung von Statuen und Reliefs wurde auf Geheiß des Papstes Clemens XIII. das Bauwerk in aller Pracht fertiggestellt im Jahre des Herrn 1762.

Als Agrippa schon zum dritten Male Konsul gewesen war, führte er unter dem Konsulat des Gaius Sentius und Quintus Lucretius 13 Jahre nach der Anlage der Aqua Julia auch die auf dem Gelände des Lucullus gesammelte Aqua Virgo nach Rom. Als Datum, an dem sie zum ersten Mal Wasser in die Stadt abgab, findet sich der 9. Juni. Sie heißt Virgo, weil ein junges Mädchen den nach Wasser suchenden Soldaten einige Wasseradern zeigt. Sie folgten ihnen, gruben und förderten eine ungeheure Menge Wasser zutage. Eine neben der Quelle gebaute Kapelle zeigt in einem Bild diesen Ursprung.

Derselbe gütige Bischof hat, von göttlicher Eingebung erfüllt und von Erbarmen bewegt, die «Virgo» genannte Wasserleitung, als sie durch die Dauer der Jahre zerstört und in Trümmern lag und nur wenig Wasser in die Stadt Rom gelangte, vorsorgend wie ein guter und gewissenhafter Hirte, wieder instandsetzen lassen; und sie zeichnete sich durch einen solchen Überfluss an Wasser aus, dass sie fast die ganze Stadt damit versorgte.

Von diesen Wasserleitungen fließt heute nur noch die «Virgo» in die Stadt, die in acht Meilen Entfernung gefasst wird; die anderen sind unterbrochen und eingefallen; manche sind dem Erdboden gleichgemacht, dabei ist der Kanal nicht nur zerstört worden, sondern nicht einmal mehr sein Verlauf ist zu ahnen.

Spanische Treppe und S. Trinità dei Monti

AD CIVIVM COMMODVM MARMOREA SCALA DIGNO
TANTIS AVSPICIIS OPERE ABSOLVTA ANNO DOMINI
MDCCXXV

Der Obelisk vor S. Trinità dei Monti
Der Obelisk stand in den Gärten des Sallust. Man weiß nicht, wer ihn
nach Rom bringen ließ. Die Hieroglyphen wurden von römischen Stein-
PIVS VI PONT MAX OBELISCVM SALLVSTIANVM QVEM
PROLAPSIONE DIFFRACTVM SVPERIOR AETAS IACENTEM
RELIQVERAT COLLI HORTVLORVM IN SVBSIDENTIVM
VIARVM PROSPECTV IMPOSITVM TROPAEO CRVCIS
PRAEFIXO TRINITATI AVGVSTAE DEDICAVIT III EIDVS
APRIL ANNO MDCC LXXXVIIII SACRI PRINCIPATVS
EIVS ANNO XV

Piazza del Popolo

Jahrhundertelang war die Piazza del Popolo der erste Platz, den die aus
dem Norden über die Via Flaminia nach Rom Reisenden betraten,
nachdem sie die Porta del Popolo (Porta Flaminia) in der Aureliani-
schen Mauer durchschritten hatten. Der von Sixtus V. 1587 errichtete

Inschriften neben der Porta del Popolo

PIVS VII PONT MAX FORI AREAM PER HEMYCICLOS
PORREXIT ET GEMINO FONTE EXORNAVIT VT AEDIFICIIS

Die Spanische Treppe wurde 1726 von dem Architekten Francesco de Sanctis errichtet.

Zum Nutzen der Bürger wurde die Marmortreppe in einer Ausführung, die eines solchen Wahrzeichens würdig ist, vollendet im Jahre des Herrn 1725

metzen eingemeißelt. 1789 ließ ihn Pius VI. vor der französischen Kirche S. Trinità dei Monti aufstellen. Seine ursprüngliche Basis steht auf dem Kapitol. Die Inschrift auf der Basis:

Papst Pius VI. hat den Obelisken aus den Gärten des Sallust, der umgefallen und in Stücke gebrochen war, und den das vorige Zeitalter am Boden liegen ließ, auf den Gartenhügel gesetzt, weithin sichtbar von den abschüssigen Straßen aus, das Siegeszeichen des Kreuzes auf seiner Spitze befestigt und ihn der erhabenen Dreifaltigkeit geweiht am 11. April des Jahres 1789, dem 15. Jahr seiner heiligen Regierung.

3300 Jahre alte Obelisk ist der erste nach Rom gebrachte Obelisk, den Augustus 10 v. Chr. auf der Mittelmauer (spina) des Circus Maximus aufstellen ließ. Der Platz wurde im frühen 19. Jahrhundert von Giuseppe Valadier im neoklassizistischen Stil gestaltet.

Papst Pius VII. vergrößerte die Fläche des Platzes durch Halbkreise und schmückte ihn mit zwei gleichen Brunnen,

BINIS VTRIMQVE VNA PARITER EXSTRVCTIS PRINCIPEM
VRBIS ADITVM NOVO CVLTV NOBILITARET PONT
ANNO XXIV

Inschrift an der Innenseite der Porta del Popolo

FELICI FAVSTOQ INGRESSVI ANNO DOM MDCLV

Obelisk aus dem Circus Maximus
Inschriften auf der Basis des Obelisken

IMP CAESAR DIVI F AVGVSTVS PONTIFEX MAXIMVS
IMP XII COS XI TRIB POT XIV AEGYPTO IN POTESTATEM
POPVLI ROMANI REDACTA SOLI DONVM DEDIT
CIL 6.702

SIXTVS V PONT MAX OBELISCVM HVNC A CAES AVG
SOLI IN CIRCO MAX RITV DICATVM IMPIO MISERANDA
RVINA FRACTVM OBRVTVMQ ERVI TRANSFERRI FORMAE
SVAE REDDI CRVCIQ INVICTISS DEDICARI IVSSIT
A MDLXXXIX PONT IV

ANTE SACRAM ILLIVS AEDEM AVGVSTIOR LAETIORQVE
SVRGO CVIVS EX VTERO VIRGINALI AVG IMPERANTE
SOL IVSTITIAE EXORTVS EST

um durch zwei gleichartig gestaltete Bauwerke auf beiden Seiten dem Haupteingang der Stadt mit neuer Pracht zu Glanz zu verhelfen, im 24. Jahr seines Pontifikats.

Für einen glücklichen und gesegneten Eintritt.
Im Jahre des Herrn 1655.

Kaiser Augustus, Sohn des Vergöttlichten, Oberpriester, zwölfmal zum siegreichen Feldherrn ausgerufen, elfmal Konsul, vierzehnmal im Besitz der tribunizischen Gewalt, hat [diesen Obelisken], nachdem sich Ägypten dem römischen Volk unterworfen hatte, dem Sonnengott zum Geschenk gemacht.

Papst Sixtus V. hat diesen Obelisken, der von Kaiser Augustus im Circus Maximus dem Sonnengott nach gottlosem Brauch geweiht war, nachdem er durch einen bedauernswerten Sturz zerbrochen und in der Erde versunken war, ausgraben, versetzen, wieder in seine frühere schöne Form bringen und dem unbesiegbaren Kreuz weihen lassen, im Jahr 1689, dem vierten seines Pontifikats.

Erhabener und herrlicher erhebe ich mich vor ihrem Tempel, aus deren jungfräulichem Schoß in der Regierungszeit des Augustus die Sonne der Gerechtigkeit aufgegangen ist.

Mausoleum des Augustus

Das von Augustus im Jahr 27 v. Chr. für sich und seine Nachfolger
errichtete 44 Meter hohe Mausoleum war mit Zypressen bepflanzt
und wurde von einer Bronzestatue des Kaisers gekrönt. Nach seinem

Tod und Bestattung des Augustus
Supremo die identidem exquirens, an iam
de se tumultus foris esset, petito speculo
capillum sibi comi ac malas labantes corrigi
praecepit et admissos amicos percontatus,
ecquid iis videretur mimum vitae commode
transegisse, adiecit et clausulam:
ἐπεὶ δὲ πάνυ καλῶς πέπαισται, δότε κρότον
καὶ πάντες ἡμᾶς μετὰ χαρᾶς προπέμψατε.
Omnibus deinde dimissis, dum advenientes
ab urbe de Drusi filia aegra interrogat,
repente in osculis Liviae et in hac voce de-
fecit «Livia, nostri coniugii memor vive,
ac vale» sortitus exitum facilem et qualem
semper optaverat. Nam fere quotiens audis-
set cito ac nullo cruciatu defunctum quem-
piam, sibi et suis εὐθανασίαν similem – hoc
enim et verbo uti solebat – precabatur. Unum
omnino ante efflatam animam signum alie-
natae mentis ostendit, quod subito pave-
factus a quadraginta se iuvenibus abripi
questus est. Id quoque magis praesagium
quam mentis deminutio fuit, siquidem tot-
idem milites praetoriani extulerunt eum
in publicum.
Obiit in cubiculo eodem, quo pater Octavius,
duobus Sextis, Pompeio et Appuleio, cons.

Verfall in der Spätantike wurde es als Steinbruch benützt, in einen
Weinberg, eine Stierkampfarena und schließlich in ein Auditorium
umgewandelt. 1936–38 wurden die Reste freigelegt.

Am Tag seines Todes fragte er immer wieder, ob es seinetwegen draußen schon Unruhen gebe. Dann verlangte er
einen Spiegel, ließ sich das Haar richten und die schlaffen
Wangen straffen und erkundigte sich bei seinen Freunden,
die man vorgelassen hatte, ob sie den Eindruck hätten, er
habe die Komödie seines Lebens angemessen hinter sich
gebracht. Und er fügte den üblichen Schlussvers an:
«Wenn das Stück gut war, dann klatscht und lasst uns
alle nun voll Freude nach Hause gehen!»
Dann verabschiedete er sich von allen, und als er einige,
die gerade aus Rom kamen, nach der kranken Tochter des
Drusus fragte, starb er plötzlich unter den Küssen Livias
mit den Worten: «Livia, denk immer an unsere Ehe und
leb wohl!» Er hatte einen leichten Tod, wie er ihn sich immer gewünscht hatte. Denn fast jedesmal, wenn er hörte,
jemand sei schnell und ohne Qualen gestorben, flehte er
für sich und seine Angehörigen einen ähnlichen «schönen
Tod» («Euthanasie») – dieses Wort pflegte er nämlich zu
gebrauchen. Er ließ, bevor er sein Leben aushauchte, überhaupt nur einmal ein Zeichen von Verwirrung erkennen:
Er erschrak plötzlich und klagte, er werde von vierzig jungen Männern entführt. Auch das war eher eine Vorahnung
als eine Schwäche seiner geistigen Kräfte, denn genau so
viele Prätorianer trugen seine Leiche später auf die Straße.
Er starb im selben Zimmer wie sein Vater Octavius, unter
dem Konsulat des Sextus Pompeius und des Sextus Apu-

XIIII. Kal. Septemb. hora diei nona, septua-
gesimo et sexto aetatis anno, diebus V et
XXX minus.

Corpus decuriones municipiorum et
coloniarum a Nola Bovillas usque deporta-
runt noctibus propter anni tempus, cum
interdiu in basilica cuiusque oppidi vel in
aedium sacrarum maxima reponeretur.
A Bovillis equester ordo suscepit urbique
intulit atque in vestibulo domus conloca-
vit. Senatus et in funere ornando et in
memoria honoranda eo studio certatim
progressus est, ut inter alia complura
censuerint quidam, funus triumphali
porta ducendum, praecedente Victoria,
quae est in curia, canentibus neniam principum liberis utriusque sexus; alii, exequi-
arum die ponendos anulos aureos ferreos-
que sumendos; nonnulli, ossa legenda
per sacerdotes summorum collegiorum.
Fuit et qui suaderet, appellationem mensis Augusti in Septembrem transferen-
dam, quod hoc genitus Augustus, illo
defunctus esset; alius, ut omne tempus a
primo die natali ad exitum eius saeculum
Augustum appellaretur et ita in fastos
referretur.
Verum adhibito honoribus modo bifariam
laudatus est: Pro aede Divi Iuli a Tiberio
et pro rostris veteribus a Druso Tiberi filio,
ac senatorum umeris delatus in Campum
crematusque. Nec defuit vir praetorius,
qui se effigiem cremati euntem in caelum
vidisse iuraret. Reliquias legerunt primores

leius, am 19. August, gegen drei Uhr nachmittags, fünfunddreißig Tage vor seinem 76. Geburtstag. Seinen Leichnam trugen die Bürgermeister der Kleinstädte und Kolonien von Nola bis Bovillae, und zwar wegen der Jahreszeit bei Nacht, während er am Tag in der Halle der jeweiligen Stadt oder in ihrem größten Tempel niedergelegt wurde. Von Bovillae an übernahmen Mitglieder des Ritterstands die Überführung, brachten die Leiche nach Rom und bahrten sie in der Vorhalle seines Hauses auf.

Die Senatoren übertrumpften sich mit Vorschlägen für die Gestaltung der Totenfeier und die Verherrlichung seines Andenkens und gingen so weit in ihrem Eifer, dass manche unter anderem den Antrag stellten, den Leichenzug durch die Porta Triumphalis zu führen; dabei sollte die Victoria- Statue, die in der Kurie steht, vorangetragen werden, und die Kinder der ersten Familien, Jungen und Mädchen, sollten ein Klagelied singen. Andere beantragten, dass man am Tag der Bestattung goldene Ringe ablegen und dafür eiserne nehmen sollte; einige forderten, seine Gebeine sollten durch die Priester der höchsten religiösen Kollegien gesammelt werden. Ein Senator empfahl sogar, den Monatsnamen August auf den September zu übertragen, weil Augustus in diesem Monat geboren und in jenem gestorben sei. Ein anderer schlug vor, die gesamte Zeitspanne vom Tag seiner Geburt bis zu seinem Lebensende das Augusteische Zeitalter zu nennen und so in den Kalender einzutragen.

Aber man hielt doch Maß bei den Ehrungen. Es gab zwei Leichenreden für ihn: Vom Tempel des vergöttlichten Julius aus sprach Tiberius, und auf der alten Rednertribüne Drusus, der Sohn des Tiberius. Dann wurde er auf den Schultern von Senatoren auf das Marsfeld getragen und verbrannt. Und es blieb nicht aus, dass ein ehemaliger Prätor beschwor, er habe das Bild des Eingeäscherten zum

equestris ordinis tunicati et discincti
pedibusque nudis ac Mausoleo condiderunt.
Id opus inter Flaminiam viam ripam-
que Tiberis sexto suo consulatu extruxerat
circumiectasque silvas et ambulationes
in usum populi iam tum publicarat.

Sueton (ca. 75 –ca. 150), Augustus 99

Ara Pacis

Der von Augustus am 4. Juli 13 v. Chr. gelobte Friedensaltar wurde
am 30. Januar 9 v. Chr. neben der Via Flaminia (heute Via del Corso)

AUGUSTUS BERICHTET
Cum ex Hispania Galliaque rebus in iis provincis
prospere gestis Romam redi Ti. Nerone et P. Quin-
tilio consulibus, aram Pacis Augustae senatus pro
reditu meo consacrandam censuit ad campum Mar-
tium, in qua magistratus et sacerdotes virginesque
Vestales anniversarium sacrificium facere iussit.

Augustus (63 v. Chr. –14 n. Chr.), Res gestae 2, 37

DER DICHTER PREIST DEN FRIEDEN
Ipsum nos carmen deduxit Pacis ad aram:
    Haec erit a mensis fine secunda dies.
Frondibus Actiacis comptos redimita capillos,
    Pax, ades et toto mitis in orbe mane.
Dum desint hostes, desit quoque causa triumphi:
    Tu ducibus bello gloria maior eris.
Sola gerat miles, quibus arma coerceat, arma,
    canteturque fera nil nisi pompa tuba.

Himmel aufsteigen sehen. Seine sterblichen Überreste sammelten die Vornehmsten des Ritterstandes, bloß mit der Tunika bekleidet, ohne Gürtel und barfuß, und setzten sie im Mausoleum bei. Dieses Bauwerk hatte er zwischen der Via Flaminia und dem Tiberufer in seinem sechsten Konsulat errichtet und die umliegenden Parkanlagen und Promenaden schon damals zum öffentlichen Gebrauch freigegeben.

eingeweiht. 1568 wurde der Altar entdeckt, von 1903 an ausgegraben und 1937/38 am jetzigen Ort aufgestellt.

Als ich unter dem Konsulat des Tiberius Nero und des Publius Quintilius aus Spanien und Gallien nach meinen Erfolgen in diesen Provinzen nach Rom zurückkehrte, beschloss der Senat, für meine Rückkehr einen Altar des Augustus-Friedens auf dem Marsfeld zu weihen, auf dem die Beamten, Priester und Vestalinnen jährlich ein Opfer darbringen sollten.

Mein Gedicht hat mich jetzt zum Altar des Friedens geleitet:
    Das wird der vorletzte Tag in diesem Monat nun sein.
Mit dem Lorbeer aus Actium sind bekränzt deine Haare,
    Friede, erscheine und bleib sanft überall in der Welt.
Fehlt der Feind, dann mag auch fehlen der Grund des Triumphes:
    Für die Herrscher bist du rühmlicher als jeder Krieg.
Nur zur Abwehr von Waffen soll Waffen tragen der Krieger,
    nur am festlichen Tag spiele die Tuba noch wild.

Horreat Aeneadas et primus et ultimus orbis:
  Siqua parum Romam terra timebat, amet.
Tura, sacerdotes, Pacalibus addite flammis,
  albaque perfusa victima fronte cadat;
utque domus, quae praestat eam, cum pace perennet
  ad pia propensos vota rogate deos.

Ovid (43 v. Chr. – ca. 17 na. Chr.), Fasti 1, 709

Bis ans Ende der Welt soll die Aeneaden man fürchten:
Hat ein Land wenig Furcht, zeige es Liebe zu Rom.
Weihrauch gebt in die Flammen des Friedensaltares, ihr Priester,
und ein weißes Tier falle, besprengt auf der Stirn.
Dass das Haus, das Frieden gewährt, im Frieden bestehe,
bittet die Götter: sie sind frommen Gebeten geneigt.

QUIRINAL, ESQUILIN,
CAELIUS, AVENTIN

Piazza del Quirinale: Die Rossebändiger

Die Statuen der Rossebändiger Castor und Pollux (Dioskuren) standen
vor den Konstantinsthermen, von denen im 16. Jahrhundert noch

OPVS PHIDIAE

OPVS PRAXITELIS

Der Obelisk auf der Piazza del Quirinale

XYSTVS V PONT MAX COLOSSEA HAEC SIGNA TEMPORIS
VI DEFORMATA RESTITVIT VETERIBVSQVE REPOSITIS
INSCRIPTIONIBVS E PROXIMIS CONSTANTINIANIS THERMIS
IN QVIRINALEM AREAM TRANSTVLIT ANNO SALVTIS
MDLXXXIX PONTIFICATVS QVARTO

ME QVONDAM AEGYPTI DESECTVM E CAVTIBVS VNDAS
   VIS QVEM PER MEDIAS ROMVLA TRANSTVLERAT
VT STAREM AVGVSTI MOLES MIRANDA SEPVLCRI
   CAESAREVM TIBERIS QVA NEMVS ADLVERET
IAM FRVSTRA EVERSVM FRACTVMQVE INFESTA VETVSTAS
   NISA EST AGGESTIS CONDERE RVDERIBVS
NAM PIVS IN LVCEM REVOCAT SARTVMQVE QVIRINI
   SVBLIMEM IN COLLIS VERTICE STARE IVBET
INTER ALEXANDRI MEDIVS QVI MAXIMA SIGNA
   TESTABOR SEXTI GRANDIA FACTA PII
PIVS VII PONT MAX QVOD ABSOLVENDVM SVPERERAT ADDITO
CRATERE EXCITATO SALIENTE SYMPLEGMA CONSVMMAVIT
A D MDCCCXVIII PONTIF XIX

Reste zu sehen waren. Sie wandten der neuen päpstlichen Sommer-
residenz ursprünglich den Rücken zu. Sixtus V. ließ sie restaurieren
und in neuer Position aufstellen. Inschrift auf den Basen:
Werk des Phidias
Werk des Praxiteles

Der Obelisk wurde unter Papst Pius VI. 1786 zwischen den Statuen
der Dioskuren aufgerichtet. Pius VII. fügte 1818 die Brunnenschale
hinzu. Inschriften auf der Basis:
Papst Sixtus V. hat diese Kolossalstatuen, die von der Gewalt der Zeit entstellt waren, restaurieren und mit den
alten Inschriften aus den nahegelegenen Konstantinsthermen auf den Quirinalsplatz versetzen lassen im Jahre
des Heils 1589, dem vierten seines Pontifikats.

Mich, den lange zuvor aus den Felsen Ägyptens geschlagnen,
    hat durchs wogende Meer hergebracht römische Macht,
um mich herrlichen Stein ans Grab des Augustus zu stellen,
    wo den Kaiserpark Wasser des Tibers bespült:
mich wollt umsonst – ich war bereits zerstört und zerbrochen –
    unter Berge von Schutt legen die finstere Zeit.
Denn mich holte ans Licht Papst Pius; er heilte die Schäden
    und auf dem Quirinal sollte zuoberst ich stehn
zwischen der riesigen Doppelfigur Alexanders. Ich werde
    zeugen für alles, was groß Pius der Sechste vollbracht.
Papst Pius VI. hat die Gruppe, die noch fertiggestellt werden
musste, indem er ein Becken hinzufügte und einen Springbrun-
nen aufsteigen ließ, vollendet im Jahre des Herrn 1818, dem
siebzehnten seines Pontifikats.

Piazza S. Bernardo: Der Mosesbrunnen

Von den elf antiken Aquädukten war in der Renaissance nur noch die Aqua Virgo in Betrieb. Sixtus V. Felice Peretti (1585–1590) erbaute 1588 eine neue Wasserleitung, die Acqua Felice, die in Rom nach antikem Vorbild mit einem von Domenico Fontana erbauten Brunnen in

SIXTVS V PONT MAX PICENVS AQVAM
EX AGRO COLVMNAE VIA PRAENEST
SINISTRORSVM MVLTAR COLLECTIONE
VENARVM DVCTV SINVOSO A RECEPTACVLO
MIL XX A CAPITE XXII ADDVXIT FELICEMQ
DE NOMINE ANTE PONT DIXIT
COEPIT PONT AN I ABSOLVIT III MDLXXXVII

Esquilin

S. Maria Maggiore

Sixtus III. begann 432 mit dem Neubau der Basilica Liberiana, die der Legenda nach von Papst Liberius an der Stelle auf dem Esquilin errich-
VENI ELECTA MEA ET PONAM IN TE THRONVM MEVM

VIRGO MARIA ASSVMPTA EST AD ETHEREVM THALAMVM
IN QVO REX REGVM STELLATO SEDET SOLIO
EXALTATA EST SANCTA DEI GENETRIX SVPER CHOROS
ANGELORVM AD CAELESTIA REGNA

Der Obelisk bei S. Maria Maggiore

SIXTVS V PONT MAX OBELISCVM AEGYPTO
ADVECTVM AVGVSTO IN EIVS MAVSOLEO

der Form eines Triumphbogens empfangen wurde. Nach dreizehn
Jahrhunderten war zum erstenmal wieder eine Wasserleitung nach
Rom geführt worden. Mit der Aqua Felice erhielten die Hügel der
Stadt wieder Wasser – eine entscheidende Voraussetzung für die
Wiedergeburt Roms. Die Inschrift:

Papst Sixtus V. aus dem Pizentiner Gebiet hat das Wasser
aus dem Grund der Colonna links der Via Praenestina durch
die Zusammenfassung vieler Adern in einer kurvenreichen
Leitung vom Sammelbehälter 20 Meilen, von der Quelle
22 Meilen weit herangeführt und nach seinem Namen vor
dem Pontifikat «Felix» genannt.
Begonnen hat er den Bau der Wasserleitung im ersten Jahr
seines Pontifikats, vollendet im dritten, im Jahr 1587.

tet worden sein soll, wo am 5. August 352 Schnee gefallen war. In-
schriften: Im Apsis-Mosaik auf dem Buch in der Hand Christi, danach:
unter Maria und Christus.

Komm, meine Erwählte, ich setze dich auf meinen Thron.

Die Jungfrau Maria ist aufgenommen worden in das himmlische Gemach, in dem der König der Könige auf dem mit
Sternen besetzten Thron sitzt.
Die heilige Gottesmutter ist erhöht worden über die Chöre
der Engel in die himmlischen Reiche.

Von den Obelisken, die vor dem Augustusmausoleum standen, wurde
der eine 1586 von Sixtus V. hinter der Apsis von S. Maria Maggiore
aufgestellt, der andere 1786 von Pius VI. auf dem Quirinal.

Papst Sixtus V. hat den aus Ägypten herbeigeschafften
Obelisken, der dem Augustus an seinem Grabmal geweiht,

DICATVM EVERSVM DEINDE ET IN PLVRES CONFRACTVM
PARTES IN VIA AD SANCTVM ROCHVM IACENTEM IN
PRISTINAM FACIEM RESTITVTVM SALVTIFERAE CRVCI
FELICIVS HIC ERIGI IVSSIT AN D MDLXXXVII PONT III

CHRISTI DEI IN AETERNVM VIVENTIS CVNABVLA
LAETISSIME COLO QVI MORTVI SEPVLCRO AVGVSTI
TRISTIS SERVIEBAM

CHRISTVM DOMINVM QVEM AVGVSTVS DE VIRGINE
NASCITVRVM VIVENS ADORAVIT SEQ DEINCEPS
DOMINVM DICI VETVIT ADORO

CHRISTVS PER INVICTAM CRVCEM POPVLO PACEM
PRAEBEAT QVI AVGVSTI PACE IN PRAESEPE NASCI VOLVIT

Die Mariensäule vor S. Maria Maggiore

VASTA COLVMNAM MOLE QVAE STETIT DIV
PACIS PROFANA IN AEDE PAVLVS TRANSTVLIT
IN EXQVILINVM QVINTVS ET SANCTISSIMAE
PAX VNDE VERA EST CONSECRAVIT VIRGINI

IGNIS COLVMNA PRAETVLIT LVMEN PIIS
DESERTA NOCTV VT PERMEARENT INVIA
SECVRI AD ARCES HAEC RECLVDIT IGNEAS
MONSTRANTE AB ALTA SEDE CALLEM VIRGINE

IMPVRA FALSI TEMPLA QVONDAM NVMINIS
IVBENTE MOESTA SVSTINEBAM CAESARE
NVNC LAETA VERI PERFERENS MATREM DEI
TE PAVLE NVLLIS OBTICEBO SAECVLIS

dann umgestürzt und in mehrere Teile zerbrochen war und
in der Straße bei S. Rocco lag, nachdem er ihm seine frühere Schönheit wiedergegeben hatte, für das heilbringende
Kreuz in glücklicher Weise hier aufstellen lassen, im Jahre
des Herrn 1587, dem dritten Jahr seines Pontifikats.

Die Wiege Christi, des in Ewigkeit lebenden Gottes, hüte
ich voll Freude, der ich dem Grab des toten Augustus voll
Kummer dienen musste.

Ich bete Christus den Herrn an, den Augustus als den künf-
tigen Sohn einer Jungfrau zu seinen Lebzeiten anbetete und
daraufhin verbot, selber Herr genannt zu werden.

Christus, der zur Friedenszeit des Augustus in einer Krippe
geboren werden wollte, schenke durch das unbezwingliche
Kreuz dem Volk Frieden.

*Die 14 Meter hohe Marmorsäule ist die einzige erhaltene Säule aus der
Maxentius–Basilika; sie wurde von Paul V. 1614 hier aufgestellt.*
Die Säule, die gewaltig groß so lange stand
im Heidenfriedenstempel, hat Papst Paul versetzt,
der Fünfte, auf den Esquilin und dann geweiht
der heilgen Jungfrau, von der wahrer Friede kommt.

Das Licht des Feuers trug die Säule dem, der fromm,
voran; zu wandern nachts durch Wüsten ohne Weg
gefahrlos zu der Himmelsburg gewährte sie;
die Jungfrau wies vom hohen Sitz herab den Pfad.

Unreinen Tempel falscher Gottheit musste ich
einst tragen gramvoll, weil der Kaiser es befahl.
Des wahren Gottes Mutter trag ich freudig nun
und werde allen Zeiten von dir künden, Paul.

PAVLVS V PONT MAX COLVMNAM VETERIS MAGNI-
FICENTIAE MONVMENTVM INFORMI SITV OBDVCTAM
NEGLECTAMQVE EX IMMANIBVS TEMPLI RVINIS
QVOD VESPASIANVS AVGVSTVS ACTO DE IVDAEIS
TRIVMPHO ET REI PVB STATV CONFIRMATO PACI
DICAVERAT IN HANC SPLENDIDISSIMAM SEDEM AD
BASILICAE LIBERIANAE DECOREM AVGENDVM SVO
IVSSV EXPORTATAM ET PRISTINO NITORI RE-
STITVTAM BEATISSIMAE VIRGINI EX CVIVS VISCERIBVS
PRINCEPS VERAE PACIS GENITVS EST DONVM DEDIT
AENEAMQVE EIVSDEM VIRGINIS STATVAM FASTIGIO
IMPOSVIT ANNO SAL MDCXIIII PONTIF IX

Porta Maggiore (Porta Praenestina)

*Bei der Porta Maggiore handelte es sich ursprünglich um zwei Bögen,
mit denen die Aqua Claudia und die Aqua Anio Novus über die Via
Labicana und die Via Praenestina in die Stadt geführt wurden. Die
Inschriften weisen auf den Bau der beiden Leitungen unter Claudius*

IMP T CAESAR DIVI F VESPASIANVS AVGVSTVS
PONTIFEX MAXIMVS TRIBVNIC POTESTATE X
IMPERATOR XVII PATER PATRIAE CENSOR COS
VIII AQVAS CVRTIAM ET CAERVLEAM PERDVCTAS
A DIVO CLAVDIO ET POSTEA A DIVO VESPASIANO
PATRE SVO VRBI RESTITVTAS CVM A CAPITE
AQVARVM A SOLO VETVSTATE DILAPSAE ESSENT
NOVA FORMA REDVCENDAS SVA IMPENSA CVRAVIT.
CIL 6.1258

Papst Paul V. hat diese Säule – ein Denkmal vergangener Pracht –, die von hässlichem Moder überzogen und völlig unbeachtet war, aus den gewaltigen Ruinen des Tempels, den Kaiser Vespasian nach seinem Triumph über die Juden und nach der Sicherung des Staates der Friedensgöttin geweiht hatte, an diese herrliche Stätte zur Vermehrung der Schönheit der Basilica Liberiana auf eigenen Befehl hinausschaffen, in ihrem früheren Glanz wiederherstellen lassen, der seligen Jungfrau, aus deren Schoß der Fürst des wahren Friedens geboren worden ist, zum Geschenk gemacht und auf ihre Spitze eine Bronzestatue eben dieser Jungfrau gestellt, im Jahre des Heils 1614, dem neunten Jahr seines Pontifikats.

und auf Renovierungen unter Vespasian und Titus hin. Beim Bau der Aurelianischen Mauer (271 n. Chr. begonnen) wurden die Bögen zu einem Tor umgestaltet. Unter Honorius und Arcadius (401–402) wurde ein weiteres Tor mit neuen Türmen davorgebaut. Die folgende Inschrift stammt aus dem Jahr 81 n. Chr.

Kaiser Titus Vespasianus Augustus, Sohn des Vergöttlichten, Oberpriester, zehnmal im Besitz der tribunizischen Gewalt, siebzehnmal zum siegreichen Feldherrn ausgerufen, Vater des Vaterlandes, Zensor, achtmal Konsul, hat die Aqua Curtia und die Aqua Caerulea, die vom vergöttlichten Claudius herangeführt und später vom vergöttlichten Vespasian, seinem Vater, für die Stadt wiederhergestellt worden waren, da sie von den Quellen an von Grund auf durch ihr hohes Alter zerfallen waren, auf eigene Kosten in einer neuen Leitung wieder nach Rom gelangen lassen.

Caelius

S. Giovanni in Laterano

Der Grundbesitz der altrömischen Familie der Laterani wurde von Nero konfisziert, als Plautius Lateranus wegen der Teilnahme an der Pisonischen Verschwörung 65 n. Chr. hingerichtet wurde. Anfang des

SACROS. LATERAN. ECCLES. OMNIVM VRBIS ET
ORBIS ECCLESIARVM MATER ET CAPVT

Capella Sancta Sanctorum

NON EST IN TOTO SANCTIOR ORBE LOCVS

Der Obelisk des Constantius aus dem Circus Maximus

2000 Jahre war der Obelisk in Karnak vor dem Tempel des Amun Re gestanden, als ihn Kaiser Konstantin 330 n. Chr. nach Alexandrien bringen ließ, um ihn von dort in die neue Hauptstadt Konstantinopel zu transportieren. Doch auch beim Tod des Kaisers 337 lag der Stein noch in Alexandrien. Sein Sohn Constantius II. (337–361) ließ zwanzig Jahre danach den Obelisken nach Rom bringen und auf der Spina

Et quia sufflantes adulatores ex more
Constantium id sine modo strepebant, quod,
cum Octavianus Augustus obeliscos duo ab
Heliupolitana civitate transtulisset Aegyptia,
quorum unus in Circo Maximo, alter in
campo locatus est Martio, hunc recens
advectum difficultate magnitudinis territus
nec contrectare ausus est nec movere,
discant, qui ignorant, veterem principem
translatis aliquibus hunc intactum ideo
praeterisse, quod deo Soli speciali munere
dedicatus fixusque intra ambitiosi templi
delubra, quae contingi non poterant, tamquam apex omnium eminebat.

*4. Jh. stand auf dem Gelände der Palast der Kaiserin Fausta. Nach ihrem
Tod überließ Konstantin das Grundstück dem Papst für den Bau einer Basi-
lika, die erst Christus, später Johannes dem Täufer und Johannes dem
Evangelisten geweiht wurde. Inschrift neben dem Mittelportal:*
Hochheilige Lateran-Kirche, aller Kirchen der Stadt und
der Welt Mutter und Haupt.

*Der gegenwärtige Bau entstand in den Jahren 1277–1280 über den
Resten des alten Lateranpalastes.*
Auf der ganzen Welt gibt es keinen heiligeren Ort.

*des Circus Maximus aufrichten, auf der schon der Obelisk stand, den
Augustus hatte aufstellen lassen. Im 5. oder 6. Jahrhundert stürzten
beide in die Arena, wo sie rund tausend Jahre liegen blieben. 1588 ließ
Sixtus V. den Obelisken des Constantius vor dem Lateran errichten,
1589 den des Augustus auf der Piazza del Popolo. Der Obelisk des Constantius ist der größte unter den 13 Obelisken in Rom, und er ist das
älteste künstlerische Monument auf europäischem Boden.*
Die Schmeichler ließen nach ihrer Gewohnheit Constantin
keine Ruhe und redeten sich heiser darüber, dass Octavianus
Augustus zwar zwei Obelisken aus der ägyptischen Stadt
Heliopolis herbeitransportiert habe, von denen der eine im
Circus Maximus, der andere auf dem Marsfeld steht, aber
den einen kürzlich herangeschafften, weil er vor den mit
seiner Größe verbundenen Problemen Angst hatte, weder zu
bearbeiten noch herbeizuholen wagte. Alle, die es nicht
wissen, sollen daher erfahren, dass der alte Kaiser, nachdem
er einige Obelisken hatte holen lassen, diesen einen deswegen unberührt liegen ließ, weil er dem Sonnengott als ein
besonderes Geschenk geweiht war und im Heiligtum eines
grandiosen Tempelbezirks, das man nicht antasten konnte,
errichtet war und wie eine Bergspitze alles überragte.

Verum Constantinus id parvi ducens avulsam
hanc molem sedibus suis nihilque committere
in religionem recte existimans, si ablatum
uno templo miraculum Romae sacraret, id
est in templo mundi totius, iacere diu per-
pessus est, dum translationi pararentur utilia.
Quo convecto per alveum Nili proiectoque
Alexandriae navis amplitudinis antehac inusi-
tatae aedificata est sub trecentis remigibus
agitanda.
Quibus ita provisis digressoque vita principe
memorato urgens effectus intepuit tandem-
que sero impositus navi per maria fluentaque
Thybridis velut paventis, ne, quod paene
ignotus miserat Nilus, ipse parum sub emea-
tus sui discrimine moenibus alumnis inferret,
defertur in vicum Alexandri tertio lapide
ab urbe seiunctum. Unde chamulcis impositus tractusque lenius per Ostiensem portam
Piscinamque Publicam. Circo illatus est
Maximo. Sola post haec restabat erectio,
quae vix aut ne vix quidem sperabatur posse
compleri: †idestisque periculum altis tra-
bibus (ut machinarum cerneres nemus) in-
nectuntur vasti funes et longi ad speciem
multiplicium liciorum caelum densitate
nimia subtexentes. Quibus colligatus mons
ipse effigiatus scriptilibus elementis paulatimque in arduum per inane protentus diu
pensilis hominum milibus multis tamquam
molendarias rotantibus metas cavea locatur
in media eique sphaera superponitur aenea
aureis lamminis nitens, qua confestim vi
ignis divini contacta ideoque sublata facis

Konstantin jedoch maß dem keine Bedeutung bei; er ließ den Riesenstein aus seinen Fundamenten reißen und glaubte mit Recht, keinen Religionsfrevel zu begehen, wenn er das Wunderwerk von einem einzelnen Tempel wegnehme und der Stadt Rom weihe, das heißt dem Tempel der ganzen Welt. Er ließ ihn lange Zeit liegen, um die für die Überführung nötigen Vorbereitungen zu treffen. Nachdom er dann auf dem Nil transportiert und in Alexandria ausgeladen worden war, baute man dort ein Schiff von bis dahin nicht gekannter Größe, das von dreihundert Ruderern angetrieben werden sollte. Nach diesen Vorkehrungen starb der erwähnte Kaiser, und der Schwung, mit dem man an das Unternehmen gegangen war, ließ nach. Nach langer Verzögerung wurde der Obelisk endlich auf das Schiff geladen und über das Meer und die Fluten des Tibers nach Vicus Alexandri gebracht, einem drei Meilen von Rom entfernten Ort. Es war, als ob sich der Tiber fürchtete, er selber könne das Geschenk, das der fast unbekannte Nil geschickt hatte, unter Gefahr, über die Ufer zu treten, kaum in die Mauern seines Sprösslings bringen. In Vicus Alexandri wurde der Stein auf Schleifen gelegt und ganz langsam durch die Porta Ostiensis und durch die Region Piscina Publica in den Circus Maximus gebracht. Jetzt musste er nur noch aufgerichtet werden. Man hatte kaum oder vielmehr gar keine Hoffnung, das bewältigen zu können. [Und unter großer] Gefahr wurden an hohe Balken, so dass man einen Wald von Kränen zu erblicken glaubte, riesenlange Seile geknüpft, die wie vielschichtige Fäden in großer Dichte den Himmel verfinsterten. An diese Seile wurde das mit Schriftzeichen bedeckte Felsstück gebunden und allmählich durch den Raum in die Senkrechte gehoben mit Hilfe von vielen Tausenden von Menschen, die sozusagen Mühlräder drehten. Lange Zeit hing er schwebend in der Luft, dann wurde er mitten im Zirkus aufgestellt. Auf seine Spitze setzte man eine Bronzekugel, die von Blattgold glänzte.

imitamentum infigitur aereum, itidem auro
imbratteatum velut abundanti flamma canden-
tis.

Ammianus Marcellinus (ca. 330 – ca. 395), Res gestae 17,4,1

INSCHRIFT AUF DER URSPRÜNGLICHEN BASIS

PATRIS OPVS MVNVSQVE SVVM TIBI ROMA DICAVIT
AVGVSTVS TOTO CONSTANTIVS ORBE RECEPTO
ET QVOD NVLLA TVLIT TELLVS NEC VIDERAT AETAS
CONDIDIT VT CLARIS EXAEQVET DONA TRIVMFIS
HOC DECVS ORNATVM GENITOR COGNOMINIS VRBIS
ESSE VOLENS CAESA THEBIS DE RVPE REVELLIT

SED GRAVIOR DIVVM TANGEBAT CVRA VEHENDI
QVOD NVLLO INGENIO NISVQVE MANVQVE MOVERI
CAVCASEAM MOLEM DISCVRRENS FAMA MONEBAT
AT DOMINVS MVNDI CONSTANTIVS OMNIA FRETVS
CEDERE VIRTVTI TERRIS INCEDERE IVSSIT
HAVT PARTEM EXIGVAM MONTIS PONTOQVE TVMENTI

CREDIDIT ET PLACIDO VEXERVNT AEQVORA FLVCTV
LITVS AD HESPERIVM TIBERI MIRANTE CARINAM
INTEREA ROMAM TAETRO VASTANTE TYRANNO
AVGVSTI IACVIT DONVM STVDIVMQVE LOCANDI
NON FASTV SPRETI SED QVOD NON CREDERET VLLVS
TANTAE MOLIS OPVS SVPERAS CONSVRGERE IN AVRAS

NVNC VELVTI RVRSVS RVFIS AVVLSA METALLIS
EMICVIT PVLSATQVE POLOS HAEC GLORIA
DVDVM AVCTORI SERVATA SVO CVM CAEDE
TYRANNI REDDITVR ATQVE ADITV ROMAE

Sie wurde sehr bald von einem gewaltigen Blitz getroffen und deswegen entfernt. An ihrer Stelle brachte man die Bronzenachbildung einer Fackel an, die ebenfalls vergoldet ist und wie eine riesige Flamme strahlt.

Das Werk des Vaters und sein Geschenk hat dir, Rom, Kaiser Constantius geweiht, nachdem der ganze Erdkreis eingenommen war. Er erbaute, was kein Land hervorgebracht und kein Zeitalter je gesehen hat, um die Gaben auf eine Stufe mit seinen ruhmvollen Triumphen zu stellen. Dieses Ehrengeschenk wollte der Vater als Schmuck der Stadt, die seinen Namen trägt, haben und führte es daher aus Theben fort, nachdem man den Stein herausgeschlagen hatte.

Aber allzu schwere Sorge um den Transport ergriff den Vergöttlichten, weil sich ein Gerücht verbreitete, das vorhersagte, dass die kaukasusgleiche Steinmasse durch keine kluge Erfindung, keine Anstrengung und kein Menschenwerk bewegt werden könne. Doch Constantius, der Herr über die Welt, vertraute darauf, dass sich alles der Tüchtigkeit füge, ließ den nicht gerade geringen Teil eines Berges über Land gehen und vertraute ihn der brausenden See an, und auf friedlicher Woge brachten ihn die Fluten an die italische Küste, und der Tiber staunte über das Schiff. Während der grässliche Tyrann Rom verwüstete, lagen das Geschenk des Kaisers und sein Interesse, es aufzustellen, darnieder, nicht aus Hochmut gegenüber Geringgeschätztem, sondern weil niemand glauben konnte, ein Werk von solchem Gewicht könne sich in die Lüfte erheben.
Jetzt, wie ein zweites Mal den roten Steinbrüchen entrissen, leuchtete dieser Ruhm auf und stößt längst an den Himmel. Für seinen Gründer aufbewahrt, wird er zugleich mit dem Tod des Tyrannen, und nachdem durch Tapferkeit

VIRTVTE REPERTO VICTOR OVANS VRBIQVE
LOCAT SVBLIME TROPAEVM PRINCIPIS ET
MVNVS CONDIGNIS VSQVE TRIVMFIS
CIL 6.1163

Inschriften auf der Basis von 1588

FL CONSTANTINVS MAXIMVS AVG CHRISTIANAE
FIDEI VINDEX ET ASSERTOR OBELISCVM AB
AEGYPTIO REGE IMPVRO VOTO SOLI DEDICATVM
SEDIB AVVLSVM SVIS PER NILVM TRANSFERRI
ALEXANDRIAM IVSSIT VT NOVAM ROMAM AB SE TVNC
CONDITAM EO DECORARET MONVMENTO

FL CONSTANTIVS AVG CONSTANTINI AVG F
OBELISCVM A PATRE LOCO SVO MOTVM DIVQ
ALEXANDRIAE IACENTEM TRECENTORVM REMIGVM
IMPOSITVM NAVI MIRANDAE VASTITATIS PER MARE
TIBERIMQ MAGNIS MOLIBVS ROMAM CONVECTVM
IN CIRCO MAX PONENDVM S.P.Q.R D D

SIXTVS V PONT MAX OBELISCVM HVNC SPECIE
EXIMIA TEMPORVM CALAMITATE FRACTVM CIRCI
MAX RVINIS HVMO LIMOQ ALTE DEMERSVM MVLTA
IMPENSA EXTRAXIT HVNC IN LOCVM MAGNO
LABORE TRANSTVLIT FORMAEQ PRISTINAE
ACCVRATE RESTITVTVM CRVCI INVICTISSIMAE
DICAVIT A MDLXXXVIII PONT IIII

CONSTANTINVS PER CRVCEM VICTOR A S SILVESTRO
HIC BAPTIZATVS CRVCIS GLORIAM PROPAGAVIT

der Zugang zu Rom gefunden worden ist, gewährt. Und bei seinem feierlichen Einzug stellt der Sieger für die Stadt das hochragende Siegeszeichen auf und das Geschenk des Kaisers, dem die Triumphe immer entsprechen.

Kaiser Konstantin der Große, der Retter und Beschützer des christlichen Glaubens, hat den vom ägyptischen König in unreinem Gelübde der Sonne geweihten Obelisken aus seinem Fundament herausreißen und auf dem Nil nach Alexandria transportieren lassen, um das damals von ihm gegründete Neue Rom mit diesem Denkmal zu schmücken.

Kaiser Flavius Constantius, der Sohn des Kaisers Konstantin, hat den von seinem Vater von seinem Ort entfernten Obelisken, der lange in Alexandria lag, auf ein bewundernswert großes Schiff mit dreihundert Ruderern geladen, über das Meer und auf dem Tiber mit großer Mühsal nach Rom geschafft und zur Aufstellung im Circus Maximus dem Senat und dem römischen Volk geweiht und gewidmet.

Papst Sixtus V. hat diesen überaus schönen Obelisken, der, durch das Unheil der Zeiten zerbrochen, in den Ruinen des Circus Maximus tief in der Erde und im Schlamm steckte, unter hohen Kosten herausziehen, mit großen Mühen an diesen Ort versetzen lassen, seine frühere Schönheit sorgsam wiederhergestellt und ihn dem unbesiegbaren Kreuz geweiht, im Jahr 1588, dem vierten Jahr seines Pontifikats.

Konstantin, siegreich durch das Kreuz, vom heiligen Silvester hier getauft, hat den Ruhm des Kreuzes verbreitet.

Aventin

Wie soll die neue Stadt heissen?

Curantes magna cum cura tum cupientes
regni dant operam simul auspicio augurioque.
(...) Remus auspicio sedet atque secundam
solus avem servat. At Romulus pulcher in alto
quaerit Aventino, servat genus altivolantum.
Certabant urbem Romam Remoramne vocarent.
Omnibus cura viris uter esset induperator.
Expectant veluti consul quom mittere signum
volt, omnes avidi spectant ad carceris oras
quam mox emittat pictos e faucibus currus:
Sic expectabat populus atque ore timebat
rebus utri magni victoria sit data regni.
Interea sol albus recessit in infera noctis.
Exin candida se radiis dedit icta foras lux
et simul ex alto longe pulcherruma praepes
laeva volavit avis. Simul aureus exoritur sol
cedunt de caelo ter quattuor corpora sancta
avium, praepetibus sese pulchrisque locis dant.
Conspicit inde sibi data Romulus esse priora,
auspicio regni stabilita scamna solumque.
Ennius (239 – 169 v. Chr.), Annales

S. Sabina:
Inschrift an der Rückwand über dem Eingang

CVLMEN APOSTOLICVM CVM CAELESTINVS HABERET
PRIMVS ET IN TOTO FVLGERET EPISCOPVS ORBE
HAEC QVAE MIRARIS FVNDAVIT PRESBYTER VRBIS

Romulus und Remus beobachten den Vogelflug, um ein Vorzeichen
dafür zu bekommen, wer der neuen Stadt seinen Namen geben und
ihr König sein soll. Bei Ennius wartet Romulus auf dem Aventin auf
das Vogelzeichen, bei anderen Autoren ist es Remus.

Sorglich bereiten sie dann, die Königswürde begehrend,
beide die Vogelschau und der göttlichen Zeichen Deutung.
Fromm bereitet ist Remus zum heiligen Schauen, und ein-
sam harrt er günstigen Zeichens; der schöne Romulus aber
harrt hochfliegender Schar auf der aventinischen Höhe.
Unten die Männer, im Streit, ob Rom oder Remora heißen
solle die Stadt, ob der oder jener zum König bestimmt sei:
wie, wenn heute beim Spiel der Konsul das Zeichen will
geben, aller Blicke begierig zum Rand der Schranken ge-
spannt sind, ob nun gleich das gemalte Tor den Wagen sich
öffne, also wartete drunten das Volk und hielt danach Aus-
schau, wem von beiden der Sieg und wem die Krone bestimmt sei. Da sie harrten, verschwand ins nächtliche Dunkel die Sonne. Endlich fuhren ins Freie des Lichtes schim-
mernde Strahlen, und es flog von oben ein wunderherrlicher
Vogel linker Hand heran; aufsteigt die goldene Sonne, und
es kommen vom Himmel dreimal vier heilige Vögel, die sogleich sich lagern auf schönen, günstigen Plätzen. Romulus
aber erkennt, dass ihm das Zeichen den Vorrang, ihm der
Gott das Land und den Thron der Herrschaft verliehen.

Über dem Haus der römischen Christin Sabina erbaute Petrus von
Illyrien (425–432) eine Basilika.

Als Coelestin den hohen Platz des Apostels innehatte und
als oberster Bischof im ganzen Erdkreis hervorstach, da
gründete der Presbyter der Stadt diese Kirche, die du be-
wunderst, Petrus von Illyrien, der den großen Namen ver-

ILLYRICA DE GENTE PETRVS VIR NOMINE TANTO
DIGNVS AB EXORTV CRHISTI NVTRITVS IN AVLA
PAVPERIBVS LOCVPLES SIBI PAVPER QVI BONA VITAE
PRAESENTIS FVGIENS MERVIT SPERARE FVTVRAM

Cestius-Pyramide · Protestantischer Friedhof

DIE CESTIUS-PYRAMIDE

C CESTIVS L F POB EPVLO PR TR PL VII VIR
EPVLONVM
OPVS APSOLVTVM EX TESTAMENTO DIEBVS
CCCXXX ARBITRATV PONTI P F CLA MELAE
HEREDIS ET POTHI L
CIL 6.1374

INSCHRIFT INNEN AN DER AURELIANISCHEN MAUER
Quos iacentes vides cypressarum sub umbra
Aurelianique operis, saluta, viator, non barbaros,
sed Romae matris amplexu Romanos.

DER CIMITERO ACATTOLICO

*Nicht-Katholiken wurden seit der ersten Hälfte des 18. Jahrhunderts
auf einer Wiese an der Cestius–Pyramide begraben, auf allgemein
zugänglichem öffentlichen Grund. Wilhelm von Humboldt erhielt
1803 von den Konservatoren das Privileg einer Familiengrabstätte
auf einem abgegrenzten Platz. 1825 wurde ein neuer Friedhof eingerichtet, der erst 1911 mit dem alten Teil verbunden wurde. Auf dem*
CIRCVLARIS AREA TERMINIS CINCTA P CLXXX IN
CVIVS MEDITVLLIO TVMVLVS EST GVLIELMI. IVNIORIS
AB HVMBOLDT LOCVS SEPVLTVRAE PVBLICE

diente. Er wuchs von Anfang an im Palast Christi auf, war für die Armen begütert, für sich selber aber arm, und weil er nicht nach den Gütern des irdischen Lebens trachtete, verdiente er die Hoffnung auf das künftige Leben.

Nach der Eroberung Ägyptens im Jahr 30 v. Chr. wurde es in Rom Mode, ägyptische Bauten nachzuahmen. Die Pyramide ist über 36 Meter hoch, sie wurde zwischen 18 und 12 v. Chr. erbaut.
Gaius Cestius, Sohn des Lucius, aus der Tribus Publilia, Epulo, Praetor, Volkstribun, Mitglied des Siebenmännerkollegiums der Epulonen.
Das Bauwerk wurde aufgrund testamentarischer Verfügung in 330 Tagen fertiggestellt nach dem Willen des Erben Pontius Mela, Sohn des Publius, aus der Tribus Claudia, und des Freigelassenen Pothos.

Die du hier liegen siehst im Schatten der Zypressen und der Aurelianischen Mauer, grüße sie, Wanderer. Sie sind keine Barbaren, sondern, von Mutter Rom umarmt, Römer.

protestantischen Friedhof sind u. a. John Keats, Percy Bysshe Shelley, Humboldts Söhne Wilhelm und Gustav, Goethes Sohn August, Wilhelm Waiblinger, Christian August Kestner (der Sohn von Goethes Lotte), Gottfried Semper, Hans von Marées und Antonio Gramsci begraben. Es folgen die Inschriften auf der Säule für Wilhelm von Humboldt jun., auf der Säule für Gustav von Humboldt und auf dem Grabstein für August von Goethe (1789–1830).
Der kreisförmige Platz, der von Grenzsteinen im Umfang von 180 Fuß umgeben ist, und in dessen Mittelpunkt sich das Grab Wilhelms von Humboldts jun. befindet, wurde

DATVS GVLIELMO AB HVMBOLDT REGIS BORVSSORVM
AD SVMMVM PONTIFICEM ORATORI POSTERISQVE
EIVS
NAT JENAE III NON MAI AN CHR MDCCVIC
OBIIT ARICIAE XVIII KAL SEPT MDCCCIII

FRIDERICO CONSTANTINO GVSTAVO QVI VIXIT
A I M X D V INFANTI SVAVISSIMO PARENTES
GVILIELMVS DE HVMBOLDT CAROLINA DE
DACHEROEDEN
NAT ROMAE VII ID JAN AN CHR MDCCCVI VIVERE
IBIDEM DESIIT PR ID NOV MDCCCVII

GOETHE FILIVS PATRI ANTEVERTENS
OBIIT ANNOR XL MDCCCXXX

Wilhelm von Humboldt, dem Gesandten des preußischen Königs beim Papst, und seinen Nachkommen vom Staat als Begräbnisstätte zur Verfügung gestellt.
Geboren in Jena am 5. Mai 1794, gestorben in Ariccia am 17. August 1803.

Für Friedrich Konstantin Gustav, der ein Jahr, zehn Monate und fünf Tage lebte, das süße Kind, [haben] die Eltern Wilhelm von Humboldt und Karoline von Dacheröden [dieses Grab errichtet].
Geboren in Rom am 7. Januar 1806, gestorben ebenda am 12. November 1807.

Goethes Sohn starb, dem Vater vorangehend, 1830 im Alter von 40 Jahren.

TIBER UND TIBERINSEL

Der Name des Tiber
Sed de Tiberis nomine anceps historia. Nam et
suum Etruria et Latium suum esse credit, quod
fuerunt, qui ab Thebri vicino regulo Veientum
dixerint appellatum primo Thebrim. Sunt qui
Tiberim priscum nomen latinum Albulam
vocitatum litteris tradiderint, posterius propter
Tiberinum regem Latinorum mutatum, quod ibi
interierit: nam hoc eius, ut tradunt, sepulcrum.
Marcus Terentius Varro (116 – 27 v. Chr.), De Lingua Latina 5, 30

Pons Fabricius
L FABRICIUS C F CVR VIAR FACIVNDVM
COERAVIT IDEMQVE PROBAVIT
CIL 6.1305

Ponte Sisto: Inschrift am linken Ufer

XYSTVS IIII PONT MAX AD VTILITATEM P RO
PEREGRINAEQVE MVLTITVDINIS AD IVBILEVM
VENTVRAE PONTEM HVNC QVEM MERITO RVPTVM
VOCABANT A FVNDAMENTIS MAGNA CVRA ET
IMPENSA RESTITVIT XYSTVMQVE SVO DE NOMINE
APPELLARI VOLVIT

M CCCC LXXV QVI TRANSIS XYSTI QVARTI BENEFICIO
DEVM ROGA VT PONTIFICEM OPTIMVM MAXIMVM
DIV NOBIS SALVET AC SOSPITET BENE VALE QVISQVIS
ES VBI HAEC PRECATVS FVERIS

Über den Namen des Tiber existiert eine doppelte Überlieferung. Denn sowohl Etrurien als auch Latium sind der Ansicht, er gehöre ihnen, weil es Leute gab, die behaupteten, er sei nach Thebris, dem benachbarten König von Veji, zuerst Thebris genannt worden. Es gibt eine andere schriftliche Überlieferung, wonach der Tiber den alten latinischen Namen Albula gehabt habe, der später wegen des Latinerkönigs Tiberinus, der dort ums Leben kam, geändert worden sei, denn dies sei sein Grab, wie man erzählt.

Die Brücke wurde 62 v. Chr. gebaut.
Lucius Fabricius, Sohn des Gaius, Leiter der Straßenbaubehörde, ließ [diese Brücke] erbauen und nahm sie selber ab.

Die Brücke wurde 1473 von Sixtus IV. an der Stelle einer verfallenen antiken Brücke errichtet.
Papst Sixtus IV. ließ diese Brücke, die man zurecht die « eingestürzte » zu nennen pflegte, zum Nutzen des römischen Volkes und der großen Zahl von Pilgern, die zum Jubiläumsjahr [1475] erwartet werden, mit großer Sorgfalt und unter hohen Kosten von Grund auf wiederherstellen und wünschte, dass sie nach seinem Namen Ponte Sisto genannt werde.

1475. Der du dank Sixtus IV. hinübergehst, bitte Gott, er möge uns den guten Papst lange erhalten und wohl behüten. Leb wohl, wer du auch bist, sobald du dieses Gebet gesprochen hast.

Tiberinsel: Ankunft des Äskulap

Als 293 v. Chr. während einer Pest eine Gesandtschaft aus Epidauros
den Heilgott Äskulap (Asklepios) in Gestalt einer Schlange nach Rom
holte, schwamm die Schlange zur Tiberinsel. Daraufhin wurde dort ein

Dira lues quondam Latias vitiaverat auras,
pallidaque exsangui squalebant corpora morbo.
Funeribus fessi postquam mortalia cernunt
temptamenta nihil, nihil artes posse medentum,
auxilium caeleste petunt mediamque tenentes
orbis humum Delphos adeunt, oracula Phoebi,
utque salutifera miseris succurrere rebus
sorte velit tantaeque urbis mala finiat, orant:
Et locus et laurus et, quas habet ipse, pharetrae
intremuere simul, cortinaque reddidit imo
hanc adyto vocem pavefactaque pectora movit:
«Quod petis hinc, propiore loco, Romane, petisses,
et pete nunc propiore loco: nec Apolline vobis,
qui minuat luctus, opus est, sed Apolline nato.
Ite bonis avibus prolemque accersite nostram.»

Iussa dei prudens postquam accepere senatus,
quam colat, explorant, iuvenis Phoebeius urbem,
quique petant ventis Epidauria litora, mittunt;
quae simul incurva missi tetigere carina,
concilium Graiosque patres adiere, darentque,
oravere, deum, qui praesens funera gentis
finiat Ausoniae: certas ita dicere sortes.
Dissidet et variat sententia, parsque negandum
non putat auxilium, multi retinere suamque
non emittere opem nec numina tradere suadent:
Dum dubitant, seram pepulere crepuscula lucem;
umbraque telluris tenebras induxerat orbi,

Äskulap-Tempel errichtet. Zur Erinnerung an die Ankuft des Gottes
gab man der Insel die Gestalt eines Schiffes. An der Stelle des Tempels
stiftete Otto III. 1001 die Kirche S. Bartolomeo. Das heutige Kranken-
haus der Fatebenefratelli setzt die antike Tradition fort.

Latiums Luft war einst mit grässlichem Gifte behaftet;
Siechtum zehrte Blut und bleichte die Leiber zum Abscheu.
Als man, müde zuletzt der Bestattungen, alle Versuche
Sterblicher eitel ersah und eitel der Heilenden Künste,
sucht man himmlische Hilf', besucht das Orakel des Phöbus,
Delphi, die Stadt inmitten der Welt, und fleht zu dem Gotte,
dass er rettenden Spruch zum Schutz in kläglicher Lage
wolle verleihn und der herrlichen Stadt Drangsale beende.
Siehe, die Stätte bebt, der Lorbeer bebt und der Köcher,
den er trägt, und es lässt sich der Dreifuß also vernehmen
aus dem inneren Raum und bewegt die ängstlichen Herzen:
«Was hier, Römer, du suchst, das hättest du näher gefunden.
An dem näheren Ort nun such es! Nicht des Apollo,
dass er lindre die Not – ihr bedürfet des Sohnes Apollos.
Auf denn, glückliche Fahrt! Herbei holt unseren Sprössling!»

Als der weise Rat den Befehl des Gottes vernommen,
forschen sie, wo sich erkor den Sitz der Phöbische Jüngling,
und sie entsenden ein Schiff, das steuere gen Epidaurus.
Da mit gebogenem Kiel alldort die Gesandten gelandet,
treten sie vor den Rat, die griechischen Väter, und bitten,
ihnen zu geben den Gott, des Näh' einstelle die Trübsal
beim ausonischen Volk: so sage verlässiger Ausspruch.
Meinungen sind geteilt; denn nicht zu versagen den Beistand
halten die einen für recht; doch andre raten, den Schirmer
dazubehalten und nicht hinauszulassen die Gottheit.
Da sie zögerten, wich das späte Licht vor der Dämm'rung,
von der Nacht war nun mit Dunkel bezogen der Erdkreis,

cum deus in somnis opifer consistere visus
ante tuum, Romane, torum, sed qualis in aede
esse solet, baculumque tenens agreste sinistra
caesariem longae dextra deducere barbae
et placido tales emittere pectore voces:
«Pone metus. Veniam simulacraque nostra relinquam.
Hunc modo serpentem, baculum qui nexibus ambit,
perspice et usque nota visu, ut cognoscere possis.
Vertar in hunc: Sed maior ero tantusque videbor,
in quantum verti caelestia corpora debent.»
Extemplo cum voce deus, cum voce deoque
somnus abit, somnique fugam lux alma secuta est.
(...)

Iamque caput rerum, Romanam intraverat urbem:
Erigitur serpens summoque adclinia malo
colla movet sedesque sibi circumspicit aptas.
Scinditur in geminas partes circumfluus amnis
– Insula nomen habet – laterumque a parte duorum
porrigit aequales media tellure lacertos:
Huc se de Latia pinu Phoebeius anguis
contulit et finem specie caeleste resumpta
luctibus inposuit venitque salutifer urbi.
Ovid (43 v. Chr. – ca. 17 n. Chr.), Metamorphosen 15, 626

als im Traume du sahst, wie vor dein Lager, o Römer,
trat der Genesungsgott, genauso, wie er im Tempel
pflegt zu sein; die Linke gestützt mit ländlichem Stabe,
strich er mit der Rechten das Haar des wallenden Bartes
und er sprach aus friedlicher Brust die folgenden Worte:
«Banne die Furcht! Ich komme zu euch, verlasse mein Bildnis.
Schau die Schlange dir an, die um den Stab sich gewunden
ringelt, und merke sie wohl, dass du sie wiedererkennest:
Die soll Hülle mir sein; doch werd' ich größer erscheinen,
so viel, wie sich ziemt, wenn himmlische Leiber sich wandeln.»
Es entweicht mit der Stimme der Gott; mit Gott und Stimme
weicht der Schlaf, und auf den Schlaf folgt helle der Morgen.
(...)

Als zum Haupte der Welt, zur römischen Stadt sie gelangte,
richtet die Schlange sich auf, und angelehnt an den Mastbaum,
regt sie den Hals und späht umher nach günstigem Wohnsitz.
In zwei Läufe teilt sich der Strom mit fließenden Wellen
– Insel heißt die Statt –, und neben dem Land in der Mitte
Streckt er sich rechts und links mit ebenmäßigen Armen.
Dorthin wendet sich nun zu gehn die Phöbische Schlange
aus dem latinischen Kiel; in Gottesgestalt nun wieder,
endet sie die Not. So kam sie als Retter der Hauptstadt.
Übersetzung R. Suchier, vom Hg. bearbeitet

AM RECHTEN TIBERUFER

Trastevere und Gianicolo

Mittelalterliche Beschreibung von Trastevere

Trans Tiberim, ubi nunc est sancta maria, fuit
templum Ravennatium, ubi terra manavit oleum
tempore Octaviani, et fuit ibi domus meritoria,
ubi merebantur milites, qui gratis serviebant in
senatu. Sub Ianiculo templum Gorgonis. Ad ripam
fluminis, ubi naves morantur, templum Herculis.
In Piscina templum Fortune et Diane. In insula
Licaonia, templum Iovis et templum Esculapii.
Mirabilia urbis Romae

S. Maria in Trastevere
*Nach der Legende soll 38 v. Chr. hier eine Ölquelle entstanden sein, die
von der jüdischen Bevölkerung als Zeichen für die Ankunft des Messias
gedeutet wurde. S. Maria in Trastevere ist die älteste Marienkirche. Sie*
FONS OLEI
HINC OLEVM FLVXIT CVM CHRISTVS VIRGINE LVXIT
HIC ET DONATVR VENIA A QVOCVMQVE ROGATVR
NASCITVR HIC OLEVM DEVS VT DE VIRGINE VTROQVE
  TERRARVM EST OLEO ROMA SACRATA CAPVT
VERSVS QVI OLIM LEGEBANTVR AD FONTEM OLEI

Acqua Paola: Inschrift auf der Brunnenfassade
*Die Römer pflegten am Ende eines Aqädukts dem Wasser einen tri-
umphalen Empfang in der Stadt zu bereiten. Von einem derartigen
Prachtbrunnen stehen noch heute die Überreste auf der Piazza Vittorio
Emanuele. Die Baumeister der Renaissance griffen auf diese Tradition
zurück. Sixtus V. Felice Peretti (1585–1590) hatte 1588 eine Wasserlei-*

Transtiberim war in der Antike das Viertel der kleinen Leute und der Einwanderer aus dem Osten des Reichs. Die Bewohner haben sich immer als die echten Nachfahren der Römer gefühlt.

Jenseits des Tiber, wo jetzt die Kirche S. Maria [in Trastevere] steht, war ein Tempel der Ravennaten, wo zur Zeit des Octavian Öl aus der Erde floss, und es stand dort ein Hospiz, in dem die Soldaten verpflegt wurden, die ohne Sold im Senat dienten. Am Fuß des Gianicolo stand ein Tempel der Gorgo. Am Flussufer, wo die Schiffe vor Anker liegen, ein Tempel des Herkules. Im Bezirk Piscina ein Tempel der Fortuna und der Diana. Auf der Tiberinsel ein Tempel des Jupiter und des Äskulap.

soll im dritten Jahrhundert gegründet worden sein. Ihre heutige Gestalt geht auf einen Neubau im 13. Jh. zurück. Die folgende Inschrift findet sich an der rechten inneren Chorschranke, die nachfolgende längere auf dem Paviment davor .

Quelle des Öls
Hier floss Öl, als Christus zum Licht uns ward aus der Jungfrau, hier wird Verzeihung gewährt einem jeden, der sie erbittet.
Hier wird geboren das Öl wie Gott aus der Jungfrau. Durch dieses
   Öl und durch jenes ist Rom heilig als Hauptstadt der Welt.
Verse, die einst an der Ölquelle zu lesen waren.

tung erbaut, die Acqua Felice, die in Rom mit einem Triumphbogen empfangen wurde (Mosesbrunnen). Paul V. ließ 1612 die Aqua Traiana, die am Bracciansee beginnt, restaurieren und auf dem Gianicolo mit einem prachtvollen Wasserschloss ausstatten. Auf der Inschrift wird irrtümlich von der unter Augustus gebauten Aqua Alsietina gesprochen, die ihr Wasser aus dem östlich des Bracciansees liegenden Lago di Martignano bezog.

PAVLVS QVINTVS PONTIFEX MAXIMVS AQVAM IN
AGRO BRACCIANENSI SALVBERRIMIS E FONTIBVS
COLLECTAM VETERIBVS AQVAE ALSIETINAE DVCTIBVS
RESTITVTIS NOVISQVE ADDITIS XXXV AB MILLIARIO
DVXIT ANNO DOMINI MDCXII PONTIFICATVS SVI
SEPTIMO

Brunnen der Acqua Paola auf der Piazza Trilussa
in Trastevere

PAVLVS V PONT MAX AQVAM MVNIFICENTIA
SVA IN SVMMVM IANICVLVM PERDVCTAM
CITRA TIBERIM TOTIVS VRBIS VSVI DEDVCENDAM
CVRAVIT ANNO DOMINI MDCXIII PONTIFICATVS
OCTAVO

Vatikan

Auf den vatikanischen Hügeln, die nicht zur Stadt gehörten, lagen
Villen, von denen einige in kaiserlichem Besitz waren. Caligula (37–41
n. Chr.) ließ hier einen Zirkus anlegen, der sich südlich der Mittelachse
von St. Peter befunden hat. Auf seiner Spina erhob sich bis 1586 der

ZIRKUSSPIELE
Circenses frequenter etiam in Vaticano commisit
[Claudius], nonnumquam interiecta per quinos
missus venatione.
Sueton (ca. 75 – ca. 150), Claudius 21,3

Papst Paul V. hat das im Gebiet von Bracciano aus heilbrin-
genden Quellen gesammelte Wasser durch die Wiederherstellung der alten Leitungen der Aqua Alsietina und durch
Hinzufügung von neuen Leitungen aus einer Entfernung
von 35 Meilen herangeführt, im Jahr des Herrn 1612, dem
siebten Jahr seines Pontifikats.

Der Brunnen stand ursprünglich auf der anderen Tiberseite und bilde-
te, in der Fassade eines Hospizes, beim Ponte Sisto den Abschluss der
Via Giulia. 1879 wurde er im Zuge der Befestigung des Tiberufers ab-
gerissen und in Depots gelagert. 1898 begann man den Brunnen als
freistehendes Bauwerk an der heutigen Stelle zu errichten.
Papst Paul V. hat das Wasser, das er in seiner Wohltätigkeit
auf den Gipfel des Gianicolo geleitet hatte, zum Nutzen der
ganzen Stadt auf die andere Seite des Tibers hinüberführen
lassen, im Jahre des Herrn 1613, dem achten Jahr seines
Pontifikats.

Obelisk, der heute auf dem Petersplatz steht. Als der Zirkus verfiel,
wurden Gräber angelegt. Darunter befindet sich auch das Grab des
Petrus, über dem im 4. Jahrhundert die Basilika so errichtet wurde,
dass die ehrwürdige Stätte genau in der Mitte des Presbyteriums lag.

Zirkusspiele veranstaltete er [Claudius] häufig auch auf
dem Vatikanischen Hügel; dabei wurde manchmal nach fünf
Rennen eine Tierhatz eingeschoben.

Nero tritt im Zirkus auf

Vetus illi [Neroni] cupido erat curriculo
quadrigarum insistere nec minus foedum
studium cithara ludicrum in modum canere.
Concertare equis regium et antiquis duci-
bus factitatum memorabat idque vatum
laudibus celebre et deorum honori datum.
Enimvero cantus Apollini sacros, talique
ornatu adstare non modo Graecis in urbibus,
sed Romana apud templa numen praecipuum
et praescium.
Nec iam sisti poterat, cum Senecae ac Burro
visum, ne utraque pervinceret, alterum
concedere. Clausumque valle Vaticana spatium,
in quo equos regeret haud promisco spectaculo: Mox ultro vocari populus Romanus laudi-
busque extollere, ut est vulgus cupiens volupta-
tum et, si eodem princeps trahat, laetum.

Tacitus (ca. 55 – ca. 117/120), Annales 14,14

Nekropole unter St. Peter: Inschrift im Valerier-Grab

Petrus roga Iesus Christus [sic] pro sanc(tis)
hom(ini)b(us) chrestian(is) [ad] corpus suum sepultis

Gründung der Petersbasilika durch Kaiser Konstantin

Eodem tempore Augustus Constantinus fecit
basilicam beato Petro apostolo in templum
Apollinis, cuius loculum cum corpus sancti
Petri ita recondit: Ipsum loculum undique
ex aere cypro conclusit, quod est immobile:
ad caput pedes V, ad pedes pedes V,ad latus
detrum pedes V, ad latus sinistrum pedes V,
subter pedes V, supra pedes V: sic inclusit corpus
beati Petri apostoli et recondit. Et ornavit

Am rechten Tiberufer

Eine alte Leidenschaft Neros war es, den Wagen eines Vier-
gespanns zu lenken, und ebenso verabscheuungswürdig
war seine Lust, auf der Bühne Kithara zu spielen. Er erwähnte immer wieder, dass Wagenrennen eine königliche
Disziplin und von den Fürsten früherer Zeiten häufig aus-
geübt worden seien; die Dichter hätten sie in Hymnen gefeiert, und sie seien zur Ehre der Götter veranstaltet worden. Gesang sei dem Apollo heilig, und im Kostüm eines
Sängers stehe der große Gott der Weissagung nicht nur in
griechischen Städten, sondern auch in römischen Tempeln.
Man konnte ihm nicht mehr Einhalt gebieten, und Seneca
und Burus hielten es für richtig, ihm eines davon zu er-
lauben, damit er sich nicht beides erzwinge. Es wurde also
im Tal des Vatikans eine Rennstrecke abgesperrt, auf der er
Rennen fahren konnte, ohne dass jeder zuschauen konnte.
Bald aber lud er von sich aus das römische Volk ein und ließ
sich zujubeln. Die Leute wollen ja Vergnügen und freuen
sich, wenn der Fürst die gleiche Einstellung hat.

Petrus, bitte Jesus Christus für die frommen Christen, die
neben seinem Leib bestattet sind.

Zur selben Zeit ließ Kaiser Konstantin eine Basilika für den
heiligen Petrus im Tempel des Apollo errichten. Den Sarg
mit dem Leib des heiligen Petrus verwahrte er auf folgende
Weise: Er umschloss ihn auf allen Seiten mit Kupfer, das
nicht angegriffen wird: Jeweils fünf Fuß breit zu seinen
Häupten, seinen Füßen, an der rechten und an der linken
Seite, und fünf Fuß nach unten und nach oben. So schloss
er den Leib des Apostels Petrus ein und verwahrte ihn. Und
er schmückte den Ort oben mit Porphyrsäulen und anderen

supra columnis purfyreticis et alias columnas
vitineas, quas de Grecia perduxit.

Fecit autem et cameram basilicae ex trimma auri
fulgentem et super corpus beati Petri supra aere
quod conclusit fecit crucem ex auro purissimo,
pens. lib. CL, in mensure locus, ubi, scriptum est
hoc: Constantinus Augustus et Helena Augusta
hanc domum regalem [auro decorant quam] simili
fulgore coruscans aula circumdat, scriptum ex
litteris puris nigellis in cruce ipsa.

Liber pontificalis (zu Papst Silvester, 314–335)

VERSCHÖNERUNG DER PETERSBASILIKA
Basilicam vero beati Petri marmoribus ornavit.
Ad cantharum beati Petri cum quadriporticum
ex opere marmoribus exornavit et ex musivo
agnos et cruces et palmas ornavit. Ipsum vero
atrium omnem compaginavit; grados vero
ante fores basilicae sancti Petri apostoli
ampliavit et alios grados sub tigno dextra
levaque construxit. Item episcopia in eodem
loco dextra levaque fecit. Item sub grados in
atrio alium cantharum foris in campo posuit
et usum necessitatis humanae fecit.

Liber pontificalis (zu Papst Symmachus, 498–517)

MITTELALTERLICHE NACHRICHTEN
In paradiso sancti Petri est cantarum,
quod fecit Simacus papa columpnis porphire-
ticis ornatumque tabulis marmoreis cum
griphonibus connexe, precioso celo ereo
cooperte, cum floribus et delfinis ereis
et deauratis, aquas fundentibus.

Am rechten Tiberufer

in der Art eines Weinstocks gedrehten Säulen, die er aus Griechenland hergeschafft hatte.

Die Decke der Basilika ließ er von Blattgold erglänzen, und er ließ über dem Leib des heiligen Petrus über der Bronze, die ihn einschloss, ein Kreuz aus reinem Gold anfertigen, das 150 Pfund wog und die Größe des Sarkophags hatte. Darauf steht folgendes geschrieben: «Kaiser Konstantin und Kaiserin Helena schmücken diesen Königspalast [mit Gold, das] die in gleichem Glanz erstrahlende Halle umgibt.» Das steht in Buchstaben mit Schwarzschmelz direkt auf dem Kreuz.

Die Basilika des heiligen Petrus verzierte Papst Symmachus mit Marmor. Den Kantharusbrunnen von St. Peter stattete er mit einem vierseitigen Säulengang aus Marmor aus und schmückte ihn mit einem Mosaik, auf dem Lämmer, Kreuze und Palmen dargestellt waren. Den Vorhof umschloss er ganz. Die Stufen vor den Türen der Basilika des heiligen Apostels Petrus verbreiterte er und errichtete rechts und links weitere Stufen aus Holz. Außerdem erbaute er am selben Platz auf der rechten und linken Seite den Bischofspalast. Ferner stellte er unterhalb der Stufen im Atrium einen zweiten Brunnen draußen auf dem Platz auf und errichtete eine Toilettenanlage.

Im Vorhof von St. Peter steht ein Kantharusbrunnen, den Papst Symmachus mit Porphyrsäulen errichten ließ, und der mit Marmorplatten mit Greifen geschmückt und mit einem kostbaren Bronzehimmel bedeckt ist, sowie mit Blumen und Delphinen aus Bronze und Gold, die Wasser speien.

In medio cantari est pinea erea, que fuit co-
opertorium cum sinio ereo et deaurato super
statuam Cibeles matris deorum, in foramine
Pantheon. In quam pineam subterranea fistula
subministrabat aquam ex forma Sabbatina,
que toto tempore plena prebebat aquam per
foramina nucum omnibus indigentibus ea; et
per subterraneam fistulam quedam pars flue-
bat ad balneum imperatoris iuxta aguleam.
Mirabilia urbis Romae

Der Neubau der Peterskirche
In Vaticano tholum maximum tholosque
minores (...) et aedificationem totam novi
templi Petro apostolo dicati penitus absolvit.
At plumbeis tegere laminis ornamentaque,
quae animo distanarat, adhibere, templique
pavimenta sternere non potuit morte sublatus.
At quae supersunt, Clemens VIII persecu-
turus perfecturusque creditur, qui tholum
ipsum plumbeis iam contexit laminis, sanctissimae crucis vexillum aeneum inauratum
imposuit, templi illius pavimentum jam
implevit, aequavit, stravit pulcherrime,
totique templo aptando et exornando dili-
gentissimam dat operam: cum vero ex
Michaelis Angeli forma erit absolutum,
antiquitatem omnem cito superabit.
Guido Gualterius: Sixti V Pontificis Maximi Vita

Inschriften an und in der Peterskirche

IN HONOREM PRINCIPIS APOST PAVLVS V BVRGHESIVS
ROMANVS PONT MAX AN MDCXII PONT VII

Am rechten Tiberufer

In der Mitte des Brunnens befindet sich ein Pinienzapfen aus Bronze, der der Dachaufsatz über der Öffnung des Pantheon war mit einem gewölbten Dach aus Bronze und Gold über einer Statue der Göttermutter Kybele. In diesen Pinienzapfen führte ein unterirdisches Rohr Wasser aus der Leitung vom Braccianosee, das, die ganze Zeit gefüllt, durch die Löcher in den Schuppen allen, die es brauchten, Wasser spendete; und durch ein [anderes] unterirdisches Rohr floss ein bestimmter Teil davon in die kaiserlichen Thermen neben dem Obelisken.

Im Vatikan hat Sixtus V. eine riesige und einige kleinere Kuppeln (...) sowie den gesamten Bau der neuen dem Apostel Petrus geweihten Kirche ganz vollendet. Er schaffte es jedoch nicht mehr, das Gebäude mit Bleiplatten zu decken und den Schmuck anzubringen, wie er es geplant hatte, und den Fußboden der Kirche zu legen, da ihn der Tod dahinraffte.

Aber Clemens VIII. wird, wie man annimmt, das, was noch zu tun übrig ist, weiterführen und zu Ende bringen. Er hat die Kuppel bereits mit Bleiplatten gedeckt, das Zeichen des hochheiligen Kreuzes in vergoldeter Bronze daraufgesetzt, den Fußboden der Kirche schon aufgefüllt, planiert, und auf wunderschöne Weise gepflastert. Und er bemüht sich mit größter Sorgfalt um die Instandsetzung und Ausstattung der ganzen Kirche. Wenn sie nach dem Modell Michelangelos vollendet ist, wird sie schnell das gesamte Altertum übertreffen.

Fassade
Zu Ehren des Apostelfürsten Papst Paul V. Borghese aus Rom im Jahr 1612, dem siebten Jahr seines Pontifikats.

HINC VNA FIDES MVNDO REFVLGET
HINC SACERDOTI VNITAS EXORITVR

TV ES PETRVS ET SVPER HANC PETRAM
AEDIFICABO ECCLESIAM MEAM ET TIBI
DABO CLAVES REGNI CAELORVM

QVODCVMQVE LIGAVERIS SVPER TERRAM ERIT
LIGATVM ET IN COELIS ET QVODCVMQVE SOLVERIS
SVPER TERRAM ERIT SOLVTVM ET IN COELIS EGO
ROGAVI PRO TE O PETRE VT NON DEFICIAT FIDES TVA ET
TV ALIQVANDO CONVERSVS CONFIRMA FRATRES TVOS

DICIT TER TIBI PETRE IESVS DILIGIS ME? CVI TER
O ELECTE RESPONDENS AIS O DOMINE TV QVI
OMNIA NOSTI TV SCIS QVIA DILIGO TE

O PETRE DIXISTI TV ES CHRISTVS FILIVS DEI
VIVI AIT IESVS BEATVS ES SIMON BARIONA
QVIA CARO ET SANGVIS NON REVELAVIT TIBI

O PASTOR ECCLESIAE TV OMNES CHRISTI PASCIS
AGNOS ET OVES
ΣΥ ΒΟΣΚΕΙΣ ΤΑ ΑΡΝΙΑ ΣΥ ΠΟΙΜΑΙΝΕΙΣ
ΤΑ ΠΡΟΒΑΤΑ ΧΡΙΣΤΟΥ

Der Obelisk: Schwierigkeit des Transports

Abies admirationis praecipuae visa est in nave,
quae ex Aegypto Gai principis iussu obeliscum
in Vaticano circo statutum quattuorque truncos
lapidis eiusdem ad sustinendum eum adduxit.

Am rechten Tiberufer

In der Vierung auf dem Architrav über den korinthischen Pilastern
Von hier aus wird ein Glaube in der Welt erstrahlen, von
hier entsteht die Einheit des Priesteramts.

Auf dem Kuppelarchitrav
Du bist Petrus der Fels, und auf diesen Felsen werde ich
meine Kirche bauen, und ich werde dir die Schlüssel des
Himmelreiches geben.

Im Mittelschiff
Alles, was du auf Erden bindest, wird auch im Himmel gebunden sein, und alles, was du auf Erden lösest, wird auch
im Himmel gelöst sein. Ich habe für dich gebetet, Petrus,
dass dein Glaube nicht abnimmt, und du stärke einmal,
wenn du bekehrt bist, deine Brüder.

Im linken Querschiff
Dreimal sagt Jesus zu dir, Petrus: «Liebst du mich?» Ihm
antwortest du, Auserwählter, dreimal: «O Herr, du, der
du alles weißt, du weißt, dass ich dich liebe.»

Im rechten Querschiff
Petrus, du hast gesagt: «Du bist Christus, der Sohn des le-
bendigen Gottes». Und Jesus sagte: «Selig bist du, Simon,
Sohn des Johannes, weil Fleisch und Blut es dir nicht
enthüllt haben.»

In der Tribuna
Hirte der Kirche, du weidest alle Lämmer und Schafe
Christi.
Du weidest die Lämmer, du hütest die Schafe Christi.

Eine Tanne, die ganz besondere Bewunderung verdient,
war auf dem Schiff zu sehen, das auf Caligulas Befehl den
im Vatikanischen Zirkus aufgestellten Obelisken und vier
Quader aus demselben Stein, die ihn stützen sollten, aus

Qua nave nihil admirabilius visum in mari cer-
tum est. $\overline{\text{cxx}}$ modium lentis pro saburra ei fuere.
Longitudo spatium obtinuit magna ex parte Ostien-
sis portus latere laevo. Ibi namque demersa est
Claudio principe cum tribus molibus turrium
altitudine in ea exaedificatis obiter Puteolano
pulvere advectisque. Arboris eius crassitudo quattuor hominum ulnas conplectentium implebat.
Plinius d. Ä. (23/24 – 79), Naturalis Historia 16, 202

DER OBELISK: INSCHRIFTEN

DIVO CAESARI DIVI IVLII F. AVGVSTO
TI CAESARI DIVI AVGVSTI F. AVGVSTO SACRVM

CHRISTVS VINCIT CHRISTVS REGNAT
CHRISTVS IMPERAT CHRISTVS AB
OMNI MALO PLEBEM SVAM DEFENDAT

SIXTVS V PONT MAX OBELISCVM VATICANVM
DIS GENTIVM IMPIO CVLTV DICATVM AD
APOSTOLORVM LIMINA OPEROSO LABORE
TRANSTVLIT ANNO M D LXXXVI PONT II

ECCE CRVX DOMINI FVGITE PARTES
ADVERSAE VICIT LEO DE TRIBV IVDA

SIXTVS V PONT MAX CRVCI INVICTAE
OBELISCVM VATICANVM AB IMPVRA
SVPERSTITIONE EXPIATVM IVSTIVS ET FELICIVS
CONSECRAVIT ANNO MDLXXXVI PONT II

Ägypten hierher brachte. Das war bestimmt das erstaunlichste Schiff, das man je auf dem Meer gesehen hat. Es hatte 120000 Scheffel Linsen als Ballast. Es war so lang, dass es die linke Seite des Hafens von Ostia zum großen Teil einnahm. Dort wurde es unter Kaiser Claudius versenkt mit drei turmhohen Dämmen, die man darauf erbaut und zugleich mit Puzzolanerde herangeschafft hatte. Der Mastbaum hatte einen solchen Umfang, dass vier Männer ihn mit ihren Armen umspannen konnten.

Der Vatikanische Obelisk wurde von Sixtus V. auf dem Petersplatz aufgestellt: Es folgt die antike Inschrift auf dem Obelisken, dann folgen die späteren Inschriften auf der Basis.
Dem vergöttlichten Kaiser Augustus, dem Sohn des vergöttlichten Julius, und Kaiser Tiberius, dem Sohn des Augustus geweiht.

Christus siegt, Christus ist König, Christus herrscht, Christus möge sein Volk von allem Übel fernhalten.

Papst Sixtus V. hat den Vatikanischen Obelisken, der den Göttern der Heiden in gottlosem Kult geweiht war, in mühevoller Arbeit zu den Schwellen der Apostel bringen lassen im Jahr 1586, dem zweiten Jahr seines Pontifikats.

Seht das Kreuz des Herrn! Flieht, feindliche Mächte! Der Löwe aus dem Stamm Juda hat gesiegt.

Papst Sixtus V. hat den Vatikanischen Obelisken von unreinem Aberglauben entsühnt und mit mehr Recht und größerem Segen dem unbesieglichen Kreuz geweiht, im Jahr 1586, dem zweiten Jahr seines Pontifikats.

Die Engelsburg

Das von Hadrian 130 n. Chr. begonnene Mausoleum erhielt den Namen Engelsburg (Castel S. Angelo), weil 590 Papst Gregor dem Großen der Erzengel Michael auf dem Gebäude erschienen sein soll.

TOD DES HADRIAN
Moriens quidem hos versus fecisse dicitur:
> Animula vagula blandula
> hospes comesque corporis,
> quae nunc abibis in loca
> pallidula rigida nudula
> nec ut soles dabis iocos.

Tales autem nec multo meliores fecit et Graecos.
Vixit annis LXII, mensibus V, diebus XVII.
Imperavit annis XXI, mensibus XI.
Statura fuit procerus, forma comptus, flexo ad pectinem capillo, promissa barba, ut vulnera, quae in facie naturalia erant, tegeret, habitudine robusta. Equitavit ambulavitque plurimum armisque et pilo se semper exercuit. Venatus frequentissime leonem manu sua occidit. Venando autem iugulum et costam fregit. Venationem semper cum amicis participavit.
In convivio tragoedias, comoedias, Attellanas, sambucas, lectores, poetas pro re semper exhibuit. Tiburtinam villam mire exaedificavit, ita ut in ea et provinciarum et locorum celeberrima nomina inscriberet, velut Lycium, Academian, Prytanium, Canopum, Poecilen, Tempe vocaret. Et, ut nihil praetermitteret, etiam inferos finxit.

Schon in der Spätantike wurde das Grab in eine Festung umgebaut,
seit dem 10. Jahrhundert diente es auch als Kerker. Die Renaissance-
päpste bauten die Engelsburg mit prachtvollen Räumen aus.

Auf dem Sterbebett soll er folgende Verse gedichtet haben
   Unstete kleine zärtliche Seele,
   Gast und Gefährtin des Körpers,
   wohin wirst du nun gehen,
   an welchen fahlen, kalten, kahlen Ort?
   Und wirst nie mehr wie früher scherzen.
Solche, nicht viel besser, schrieb er auch auf Griechisch.
Er starb mit 62 Jahren, 5 Monaten und 17 Tagen und re-
gierte 21 Jahre und 11 Monate.
Er war schlank, sah gut aus, hatte künstliche Locken im
Haar und einen Vollbart, um die Narben, die er von Natur
im Gesicht hatte, zu verdecken; er war von kräftiger Statur.
Er ritt und marschierte sehr viel und übte sich immer in
den Waffen und mit dem Wurfspieß. Auf der Jagd tötete
er oft einen Löwen mit eigener Hand. Beim Jagen brach
er sich einmal das Schlüsselbein und eine Rippe. Das er-
legte Wild teilte er immer mit Freunden.
Beim Gastmahl ließ er je nach den Umständen immer
Tragödien, Komödien, Possen und Harfenkonzerte aufführen sowie Vorleser und Dichter auftreten. Seine Villa
in Tibur ließ er wunderbar ausbauen: Er legte den Bauwerken die berühmten Namen von Provinzen und Orten
bei und nannte sie zum Beispiel Lykeion, Akademie, Pry-
taneion, Kanopus, Poikile und Tempe. Und um ja nichts zu
übergehen, ließ er sogar die Unterwelt nachbilden.

Signa mortis haec habuit: Natali suo ultimo,
cum Antoninum commendaret, praetexta
sponte delapsa caput ei aperuit. Anulus, in
quo imago ipsius sculpta erat, sponte de digito
delapsus est. Ante diem natalis eius nescio
qui ad senatum ululans venit; contra quem
Hadrianus ita motus est, quasi de sua morte
loqueretur, cum eius verba nullus agnosceret.
Idem cum vellet in senatu dicere «post
filii mei mortem», «post meam» dixit.
Somniavit praeterea se a patre potionem
soporiferam impetrasse. Item somniavit
a leone se oppressum esse.
In mortuum eum a multis multa sunt dicta.
Acta eius inrita fieri senatus volebat.
Nec appellatus esset divus, nisi Antoninus rogasset. Templum denique ei pro
sepulchro apud Puteolos constituit et
quinquennale certamen et flamines et so-
dales et multa alia, quae ad honorem quasi
numinis pertinerent. Qua re, ut supra
dictum est, multi putant Antoninum
Pium dictum.

Historia Augusta (4./5. Jahrhundert), Hadrian 25, 9, 1

Wie es zum Namen Engelsburg kam
Quodam tempore Tyberis fluvius alveum suum
egressus in tantum excrevit, ut supra muros urbis
influeret et plurimas domos everteret. Tunc etiam
per Tyberim fluvium multitudo serpentum cum
dracone magno in mare descendit, sed fluctibus
praefocati et ad littus profecti totum aerem sua
putredine corruperunt sicque plaga pessima, quam
inguinariam vocant, secuta est, ita ut etiam

Am rechten Tiberufer

Folgende Zeichen kündigten seinen Tod an: Als er an seinem letzten Geburtstag Antoninus rühmte, rutschte ihm die Purpurtoga von selbst herunter, und er entblößte seinen Kopf vor ihm. Der Ring, in den sein eigenes Porträt eingraviert war, glitt ihm ohne Zutun vom Finger. Am Tag vor seinem Geburtstag kam irgend jemand mit lautem Klagen in den Senat. Hadrian war gegen diesen Menschen so aufgebracht, wie wenn von seinem eigenen Tod die Rede wäre, obwohl niemand verstand, was er sagte. Als Hadrian im Senat «nach dem Tod meines Sohnes» sagen wollte, sagte er «nach meinem Tod». Ferner träumte er, er habe von seinem Vater einen Schlaftrunk bekommen. Er träumte auch, er sei von einem Löwen angefallen worden.

Als er gestorben war, wurden von vielen Seiten kritische Bemerkungen über ihn gemacht. Der Senat wollte, dass seine Verfügungen ungültig werden sollten. Er hätte auch nicht den Beinamen «Vergöttlichter» erhalten, wenn Antoninus es nicht beantragt hätte. Er ließ ihm bei Puteoli dann auch noch einen Tempel statt eines Grabes erbauen, führte Wettkämpfe ein, die alle fünf Jahre stattfinden sollten, und setzte Priester und eine Bruderschaft und vieles andere ein, was sozusagen zur Verehrung eines Gottes gehört. Viele sind, wie gesagt, der Ansicht, dass Antoninus aus diesem Grund «der Fromme» genannt wurde.

Der Tiber trat einmal über die Ufer und schwoll dermaßen an, dass er sich über die Stadtmauern ergoss und sehr viele Häuser zerstörte. Damals trieben auch viele Schlangen mit einem großen Drachen über den Tiber ins Meer, doch sie ertranken in den Fluten, wurden am Strand angeschwemmt und vergifteten mit ihrem Verwesungsgestank die Luft, und daraus entstand eine schreckliche Katastrophe, die man Beulenpest nennt. Man sah sogar mit leiblichen

corporali visu sagittae coelitus venire et singulos
quosque percutere viderentur. (...)
Sed quia Romam adhuc praedicta pestis vasta-
bat, more solito processionem cum litaniis per
civitatis circuitum quodam tempore paschali ordi-
navit, in qua imaginem beatae Mariae semper virginis, quae adhuc, ut aiunt, est Romae in ecclesia,
quae dicitur Sancta Maria Maior, quam Lucas
arte medicus et pictor egregius fortasse dicitur
et eidem virgini simillima per omnia perhibetur,
ante processionem reverenter portari fecit.
Et ecce tota aeris infectio et turbulentia imagini
cedebat, ac si ipsam imaginem fugeret et ejus prae-
sentiam ferre non posset, sicque post imaginem
mira serenitas et aeris puritas remanebat.
Tunc in aere, ut refertur, juxta imaginem audi-
tae sunt voces angelorum cantantium: « Regina
coeli laetare alleluja, quia quem meruisti portare,
alleluja resurrexit, sicut dicit alleluja. » Statimque
beatus Gregorius, quod sequitur, adjunxit: « Ora
pro nobis, Deum rogamus, alleluja. » Tunc beatus
Gregorius vidit supra castrum Crescentii angelum
domini, qui gladium cruentatum detergens in
vaginam remittebat, intellexitque Gregorius, quod
pestis illa cessasset, et sic factum est. Unde et
castrum illud castrum angeli deinceps vocatum est.
Jacobus de Voragine (1228–1298), Legenda Aurea

Die Engelsburg als Kerker

Caesareos cineres quae moles clauserat olim,
    arx est Romano nunc sacra pontifici.
Quam bene! Qui mortis nunc est mortalibus auctor,
    morti sacratas obtinet ille domos.
Theodor de Bèze (1519–1605)

Augen Pfeile vom Himmel kommen, und sie schienen jeden einzelnen zu durchbohren (...).

Weil diese Pest in Rom noch wütete, veranstaltete Gregor in gewohnter Weise zur Osterzeit rings um die Stadt eine Prozession mit Litaneien, in der er ein Bild der allzeit jungfräulichen seligen Maria feierlich vorantragen ließ. Dieses Bild befindet sich noch heute, wie man sagt, in Rom in der Kirche, die S. Maria Maggiore heißt. Lukas, der kunstfertige Arzt und hervorragende Maler, soll es gemalt haben, und es wird behauptet, es sei der Jungfrau sehr ähnlich.

Und siehe, die ganze Verseuchung der Luft verschwand vor dem Bild, wie wenn sie gerade vor dem Bild fliehen müsste und seine Gegenwart nicht ertragen könnte, und hinter dem Bild breiteten sich heiteres Wetter und klare Luft aus. Dann hörte man, so wird berichtet, in der Luft neben dem Bild Engelstimmen, die sangen: «Himmelskönigin, freue dich, alleluja, denn der, den du zu tragen würdig warst, alleluja, ist auferstanden, wie er gesagt hat, alleluja.» Und sogleich fügte der heilige Gregor folgendes hinzu: «Bitte für uns, wir flehen zu Gott, alleluja.» Da sah der heilige Gregor über der Burg des Crescentius einen Engel des Herrn, der sein blutiges Schwert abwischte und in die Scheide steckte. Und Gregor erkannte, dass die schreckliche Seuche aufgehört hatte, und so war es auch. Und deshalb wurde die Burg von da an Engelsburg genannt.

Einst war die Asche der Kaiser verwahrt in diesem Gebäude –
   dies ist die heilige Burg nun für den Bischof von Rom.
So soll es sein! Der jetzt die Menschen zum Tode befördert,
   der besitzt nun das Haus, das einst dem Tod war geweiht.

VIA APPIA UND KATAKOMBEN

APPIUS CLAUDIUS CAECUS LÄSST DIE VIA APPIA ANLEGEN
Et censura clara eo anno Ap. Claudi et C. Plauti
fuit; memoriae tamen felicioris ad posteros
nomen Appi, quod viam munivit et aquam
in urbem duxit; eaque unus perfecit, quia ob
infamem atque invidiosam senatus lectionem
verecundia victus collega magistratu se ab-
dicaverat.
Livius (59 v. Chr. – 17 n. Chr.), Ab urbe condita 9, 29, 5

KÖNIGIN ALLER STRASSEN
(...) Appia longarum teritur regina viarum.
Statius, Silvae (vor 50 – nach 96) 2,2,12

GRAB DER CAECILIA METELLA
CAECILIAE Q(UINTI) CRETICI F(ILIAE) METELLAE CRASSI
CIL 6.1274

DAMASUS (PAPST 366–384) VERFASST GRABEPIGRAMME
Damasus, natione Spanus, ex patre Antonio,
sedit ann. XVIII m. III d. XI. Et cum eodem ordi-
natur sub intentione Ursinus; et facto concilio
sacerdotum constituerunt Damasum, quia fortior
et plurima multitudo erat, et sic constitutus
est Damasus; et Ursinum eiecerunt ab urbe et
constituerunt eum Neapolim episcopum; et mansit Damasus in urbe Roma praesul in sedem
apostolicam.

In dieses Jahr [313 v. Chr.] fiel auch die berühmte Zensur des Appius Claudius und des Gaius Plautius. In besserer Erinnerung steht jedoch bei der Nachwelt der Name des Appius, weil er eine Straße baute und Wasser in die Stadt leitete und diese Arbeiten allein zu Ende führte, weil sein Kollege wegen der Senatsliste, die ihn in schlechten Ruf brachte und blamierte, aus Scham sein Amt niedergelegt hatte.

(...) wo die Appia, die Königin der Fernstraßen, befahren wird.

Für Caecilia Metella, die Tochter des Quintus Caecilius Metellus Creticus, die Gattin des Crassus

Damasus, seiner Herkunft nach ein Spanier, Sohn des Antonius, regierte 18 Jahre, 3 Monate und 11 Tage. Gleichzeitig mit ihm wurde unter Beschuldigungen gegen ihn Ursinus als Papst eingesetzt. Eine Versammlung der Priester wurde abgehalten, und man bestimmte Damasus zum Papst, weil er einflussreicher war und die Mehrzahl hinter sich hatte. Also wurde Damasus als Papst eingesetzt. Ursinus aber vertrieb man aus der Stadt; man machte ihn zum Bischof von Neapel. Damasus blieb in Rom auf dem apostolischen Stuhl.

Hic fecit basilicas duas: una beato Laurentio iuxta
theatrum et alia via Ardeatina ubi requiescit;
et in Catacumbas [dedicavit platoniam], ubi
iacuerunt corpora sanctorum apostolorum Petri
et Pauli; in quo loco platoniam ipsam, ubi iacuerunt corpora sancta, versibus exornavit. Hic
multa corpora sanctorum requisivit et invenit,
quorum [gesta] etiam versibus declaravit.
Liber Pontificalis (zu Papst Damasus, 366–384)

Gedicht des Damasus für Petrus und Paulus

HIC HABITASSE PRIVS SANCTOS COGNOSCERE DEBES
NOMINA QVISQUE PETRI PARITER PAVLIQVE REQVIRIS
DISCIPVLOS ORIENS MISIT QVOD SPONTE FATEMVR
SANGVINIS OB MERITVM CHRISTVMQVE PER ASTRA SECVTI
AETHERIOS PETIERE SINVS REGNAQVE PIORVM
ROMA SVOS POTIVS MERVIT DEFENDERE CIVES
HAEC DAMASVS VESTRAS REFERAT NOVA SIDERA LAVDES
ICUR V 13273

Damasus erbaute zwei Basiliken: eine für den heiligen Laurentius neben dem Theater [des Pompeius] und eine andere an der Via Ardeatina, wo er begraben ist. In den Katakomben weihte er die Platonia ein, wo die Leiber der heiligen Apostel Petrus und Paulus [vorübergehend] ruhten; an diesem Ort schmückte er die Marmorplatte, wo die heiligen Leiber ruhten, mit Versen. Er suchte nach vielen Leibern von Heiligen und fand sie; ihre Taten beschrieb er auch in Versen.

Die nur in mittelalterlichen Abschriften erhaltene Inschrift befand sich ursprünglich in den Katakomben von S. Sebastiano

Hier war einst die Wohnstatt der Heiligen, solltest du wissen, wenn du fragst nach dem Namen des Petrus oder des Paulus. Die hat der Osten als Jünger geschickt, ich bekenne es gerne. Christus sind sie im Märtyrertod gefolgt durch die Sterne, haben Himmelsgestade erreicht und die Reiche der Frommen. Rom hätt' es eher gebührt, sie als eigene Bürger zu schützen. Dies künde Damasus Euch zum Ruhme, ihr neuen Sterne.

Roma, die Hauptstadt der Welt,
am Zügel führt sie den Erdkreis.

ROMA CAPVT MVNDI REGIT ORBIS FRENA ROTVNDI
Spruch auf kaiserlichen Siegeln seit 1030

Nachwort

Lateinische Texte heben sich aus der unüberschaubaren
Menge dessen, was über Rom geschrieben worden ist,
heraus, weil sie die Sprache der Menschen sprechen, die diese Stadt erbaut, verändert, zerstört und erneuert haben. La-
tein ist die Sprache der Protagonisten in diesem zweitau-
sendjährigen Welttheater, aber auch die Sprache der Zeitge-
nossen der großen Ereignissse, der Zuschauer, der Augen-
zeugen und der Historiker bis zum Beginn der Neuzeit.
Als Akteure kommen in der kleinen Auswahl von Inschriften vor allem der Senat und das römische Volk (Senatus
populusque Romanus), Kaiser Augustus und die Päpste
zu Wort, als Beobachter, Kommentatoren und Zeitzeugen
römische Geschichtsschreiber wie Sallust, Livius, Tacitus,
Sueton, Ammianus Marcellinus und die Scriptores Histo-
riae Augustae. Nicht weniger wichtig für das Bild, das wir
uns heute von der Ewigen Stadt machen, sind die Dichter,
vor allem Ovid, dessen «Festkalender» (Fasti) eine Fund-
grube poetischer Erklärungen und Beschreibungen ist. In
den mittelalterlichen und frühneuzeitlichen Texten wird
der Verfall der Stadt beklagt, doch wir finden auch neue
Deutungen der antiken Monumente und schließlich, vom
15. Jahrhundert an, den Stolz auf ein neues, wiedererstan-
denes Rom.

Fast immer haben wir es mit authentischen Texten, sozusagen mit Berichten aus erster Hand zu tun, auch wenn sie
historisch nicht immer korrekt sind – im Gegenteil! Aber
die Stadt ist weniger die Summe der geschichtlichen Ereignisse als der vielstimmige Klang der Stimmen über sie.
Wenn wir den Mythos Rom erkennen wollen, sind Mut-
maßungen der Betrachter daher oft aufschlussreicher als archäologische und historische Erklärungen.

Trotzdem stehen vor den Texten oft kurze Hinweise zur

Geschichte der Monumente: Das soll dem Leser gelegentlich die Suche im Baedeker ersparen, auch wenn der literarische Führer den üblichen Romführer weder ersetzen kann noch will.

Weil Roms Zauber nicht zuletzt im unauflöslichen Ineinander von Vergangenheit und Gegenwart besteht, wird manchmal versucht, die historische Kontinuität, die Verwandlung der einen in die andere Epoche durch mittelalterliche und neuzeitliche Texte zu dokumentieren, auch wenn hier nur Splitter aus einem unendlichen Mosaik herausgegriffen werden können.

Die Übersetzung ist vor allem als Zugang zum lateinischen Text gedacht, sollte aber auch allein lesbar sein. Gedichte wurden meistens im selben Versmaß übersetzt, auch wenn dabei auf Textnähe im Detail verzichtet werden musste. Einige schon im lateinischen Original schwierige Gedichte wurden dagegen in Prosa wiedergegeben, um dem Leser das Verständnis zu erleichtern.

Dass ein Band von diesem bescheidenen Umfang nur einen winzigen Bruchteil dessen, was in Rom berühmt und bedeutend ist, vorstellen kann, versteht sich von selbst. Das betrifft am meisten mittelalterliche und neuzeitliche Monumente und Texte. Gerade von den Inschriften, die uns auf Schritt und Tritt begegnen, konnte nur eine kleine Zahl aufgenommen werden. Aus Platzgründen sind die Inschriften meist fortlaufend gedruckt. Abkürzungen wurden nicht aufgelöst, in Zweifelsfällen hilft das Abkürzungsverzeichnis.

München, August 2000
Franz Peter Waiblinger

Auflösung meist im Nominativ Singular

A annus
A D anno domini
AET aetas
AN annus
ANN SAL anno salutis
ANNOR annorum
ANT Antoninus
APOST apostolus
ATQ atque
AVG Augustus
C Gaius
CAES Caesar
CASIB casibus
CHR Christus
CLA Claudia tribu
COS consul
CVR VIAR curator viarum
D D dedit dedicavitque /
    donum dedit
D dies
DOM Deus Optimus Maximus
ECCLES ecclesia
F(IL) filius / filia
FL Flavius
GERM Germanicus
ID Idus
IMP imperator
INVICTISS invictissimus
K(AL) Kalendae
L libertus / Lucius
LATERAN Lateranensis
M Marcus / menses
MAX maximus
MIL milia
MVLT multarum
NAT natus
NON Nonae
OPT optimus

P F Pius Felix
P Publius / pedes / posuit /
    posuerunt
PM Pontifex Maximus
POB Publilia tribu
PON(T) MAX Pontifex
    Maximus
PONT(IFIC) pontificatus
PONTI Pontius
PONTIF(IC) MAXIMO
    Pontifice Maximo
PP propositus / praefectus
    praetorio / pater patriae
PR praetor / pridie
PRAENEST Praenestina
PROCOS proconsul
-Q -que
REI PVB rei publicae
RO Romanus
S sanctus
SACROS sacrosanctus
SAL salutis
SARM Sarmaticus
SC senatus consultum
SEDIB sedibus
SPQR senatus populusque
    Romanus
SS sancti
T Titus
TI Tiberius
TR PL tribunus plebis
TRIB(VNIC) POT(EST)
    tribunicia potestate

Wer da erblickt die erbärmlichen Spuren der uralten Roma,
  der kann wahrlich mit Recht sagen: Dies Rom ist dahin.
Doch wer die herrlichen Bauten im Rom von heute betrachtet,
  der wird wahrlich mit Recht sagen: Lebendiges Rom.

Qui miseranda videt veteris vestigia Romae,
  ille potest merito dicere: Roma fuit.
At qui celsa novae spectat pallatia Romae,
  hic poterit merito dicere: Roma viget.

Georg Cassander (1513–1566), In Romam veterem et novam